Sponsors

Atelier Quadrat, Rotterdam/ Atelier Stadsbouwmeester Antwerpen/ AWG Architecten, Antwerpen/ B-ILD, Brussel/ Bouwmeester Maître Architecte, Brussel/ Bureau Bouwtechniek, Antwerpen/ CENTRAL office for architecture and urbanism, Brussel/ DaF architecten, Rotterdam/ De Nijl Architecten, Rotterdam/ De Smet Vermeulen architecten, Gent/ Dhooge & Meganck Architectuur, Gent/ Diederendirrix architecten, Eindhoven/ Dierendonckblancke architecten, Gent/ FVWW architecten, Antwerpen/ GAFPA, Gent/ Geurst & Schulze architecten, Den Haag/ HBAAT, Lille/ HILBERINKBOSCH architecten, Berlicum/ Martens, Willems & Humblé, Maastricht/ Korth Tielens Architecten, Amsterdam/ MUST Stedebouw, Amsterdam - Köln/ Next Architects, Amsterdam - China/ Office Winhov, Amsterdam/ Frits Palmboom Stedenbouwkundige, Amsterdam/ Poot Architectuur, Antwerpen/ Powerhouse Company, Rotterdam/ Rapp+Rapp, Amsterdam/ Rijnboutt, Amsterdam/ Robbrecht en Daem architecten, Gent/ Urbain Architectencollectief, Gent/ Wim van den Bergh Architect, Maastricht/ Ziegler | Branderhorst stedenbouw en architectuur, Rotterdam

Stefan Devoldere, David Peleman and Jantje Engels

Optimism or Bust?

Optimism: the name given to the opinion of philosophers who pretend that this world is the best one God could create, the best of all possible worlds. . . . It must be recognized that this metaphysics of optimism is utterly empty.’

Jean le Rond d’Alembert, *L’Encyclopédie*, 1765.[1]

When Voltaire published his satirical novel *Candide, or the Optimism* in 1759, it came at a time when there were many reasons to be far from optimistic.[2] In 1755, an earthquake had just about wiped the city of Lisbon off the map, and here and there in Europe, superpowers were engaged in battle during the Seven Years’ War (1756–1763). So it should come as no surprise that the main character of Voltaire’s eponymous novel, Candide (which is French for frank, silly), faced the most tragic situations time and again during his journey around the world. What is surprising is the fact that Candide remained distinctly optimistic under all circumstances. In this, he was assisted by his companion Professor Pangloss, who personified optimism and constantly had to keep Candide on the right (optimistic) track along the way. With this at times unfortunate or misplaced optimism, which is at the heart of this satire, Voltaire made a biting comment on the German philosopher Leibniz, who described the world as ‘the best of all possible worlds’. In Voltaire’s world, full of doom and gloom, optimism could only thrive as a caricature or figure of speech, and reality slipped from this optimism like water off a duck’s back.

While optimism in the eighteenth century was, as d’Alembert describes it, an exercise among opinionated philosophers, today that optimism comes at us in many forms and from all sides – including through architecture. When the journal of architecture *Candide* was founded 250 years after Voltaire’s publication, the editorial board members emphasised their sympathy for Voltaire’s Candide, because of his sense of adventure, his desire to walk his own path.[3] The title of the journal, they wrote in the editorial, ‘was to evoke a thirst for knowledge and steadfast optimism, a willingness to take risks, and a balanced serenity’.[4] Steadfast optimism, then, as part of the adventure that is life, on this singular (neither worst nor best) world that is ours, where danger constantly lurks around the corner, even in architecture. According to Sanford Kwinter:

> Optimism and danger, very simply, are affirmations of the wildness of life – of the life that resides even in places and things – while utopianism remains an affirmation of the stillborn universe of the metaphysician’s *Idea:* transcendent, fixed, and quixotically indifferent to the vivid roilings of a historical world.[5]

So it should come as no surprise that despite climate catastrophes, increasing resource scarcity, a global pandemic, growing inequality and geopolitical instability, architecture today remains stubbornly optimistic about the future. More so, it usually sees itself – at architecture biennales, for instance – as the discipline par excellence to show society a way out of disaster, hardship and calamities. Optimism turns out to be a true ‘strategy’ for the architectural and urban designer. We can hardly imagine a different – and better – built future if we are not optimistic about architecture and believe in it ourselves. So we need figures like Candide and cannot practice architecture without optimism to be true to life or viable. No one is waiting for the master-architect-doomsayer to shape the end of time.

1
Jean Le Rond d’Alembert, *L’Encyclopédie*, 1765. English translation of the Encyclopedia, consulted online at quod.lib.umich.edu/d/did/ (accessed 22 January 2023).

2
Voltaire, *Candide or Optimism* (New Haven and London: Yale University Press, 2005 [1759]).

3
Axel Sowa and Susanne Schindler, ‘Front Matter’, *Candide – Journal for Architectural Knowledge* 1 (2009), 4.

4
Ibid.

5
Sanford Kwinter, ‘Flying the Bullet or When Did the Future Begin?’, in: Sanford Kwinter (ed.), *Rem Koolhaas: Conversations with Students* (New York: Princeton Architectural Press, 1996), 67–94.

Stefan Devoldere, David Peleman en Jantje Engels

Optimisme of de ondergang?

Optimisme: Zo noemen wij de mening van filosofen die beweren dat deze wereld de beste is die God kon scheppen, de beste van alle mogelijke werelden. (...) Men moet toegeven dat deze metafysica van het optimisme nogal hol is.

Jean le Rond d'Alembert, *L'Encyclopédie*, 1765.[1]

Toen Voltaire in 1759 zijn satirische roman *Candide, of het optimisme* publiceerde, kwam die op een moment dat er veel redenen waren om allesbehalve optimistisch te zijn.[2] In 1755 had een aardbeving de stad Lissabon zowat van de kaart geveegd en her en der in Europa waren grootmachten in een strijd verwikkeld tijdens de Zevenjarige Oorlog (1756–1763). Dat het hoofdpersonage van Voltaire's roman Candide (Frans voor openhartig, onnozel) tijdens zijn reis rond de wereld om de haverklap de meest tragische situaties moest trotseren, hoeft dan ook niet te verbazen. Wat wel verrast, is dat Candide onder alle omstandigheden uitgesproken optimistisch bleef. Hij werd daarin bijgestaan door zijn metgezel professor Pangloss, die het optimisme belichaamde en Candide voortdurend op het goede, optimistische, spoor moest houden. Met dat bij wijlen ongelukkige of misplaatste optimisme, dat de kern vormt van deze satire, leverde Voltaire een bijtend commentaar op de Duitse filosoof Leibniz, die de wereld omschreef als 'de beste van alle mogelijke werelden'. In de wereld van Voltaire, vol kommer en kwel, kon het optimisme enkel gedijen als karikatuur of als stijlfiguur en de werkelijkheid gleed ervan af als water van een eend.

Terwijl optimisme in de achttiende eeuw, zoals d'Alembert het omschrijft, een oefening was onder opiniërende filosofen, komt dat optimisme vandaag in allerlei vormen en langs alle kanten op ons af — ook via de architectuur. Toen 250 jaar na Voltaire's publicatie het tijdschrift voor architectuur *Candide* werd opgericht, benadrukten de redactieleden in het eerste nummer hun sympathie voor Voltaire's Candide, vanwege zijn zin voor avontuur, zijn wens om een eigen pad te bewandelen.[3] De titel van het tijdschrift, zo schreven ze in het redactioneel, 'moest een dorst naar kennis en standvastig optimisme oproepen, een bereidheid om risico's te nemen, en een evenwichtige sereniteit'.[4] Standvastig optimisme dus, als deel van het avontuur dat het leven is, op deze vooralsnog enige (slechtste noch allerbeste) wereld, waar gevaar voortdurend om de hoek loert, ook in de architectuur. Sanford Kwinter beweerde:

> Optimisme en gevaar zijn heel eenvoudig bevestigingen van de wildheid van het leven — van het leven dat zelfs in plaatsen en dingen huist — terwijl het utopisme een bevestiging blijft van het doodgeboren universum van de *Idee* van de metafysicus: transcendent, gefixeerd en onverschillig voor het levendige gewoel van een historische wereld.[5]

Het hoeft dan ook niet te verbazen dat ondanks klimaatcatastrofes, toenemende schaarste aan grondstoffen, een wereldwijde pandemie, groeiende ongelijkheid en geopolitieke instabiliteit, de architectuur vandaag op een koppige wijze optimistisch blijft over de toekomst. Meer nog, ze ziet zichzelf doorgaans — op architectuurbiënnales bijvoorbeeld — als de discipline bij uitstek om de maatschappij een uitweg te wijzen uit rampspoed, ontberingen en calamiteiten. Optimisme blijkt een heuse 'strategie' voor de architecturale en stedenbouwkundige ontwerper.

1
Jean Le Rond d'Alembert, *L'Encyclopédie*, 1765, deel 11, 517, fr.wikisource.org/wiki/L'Encyclopédie/1re_édition/OPTIMISME (geraadpleegd 12 december 2022).

2
Voltaire, *Candide, of het optimisme* (Amsterdam/Antwerpen: Uitgeverij L.J. Veen, 2010 [1759]).

3
Axel Sowa en Susanne Schindler, 'Front Matter', *Candide – Journal for Architectural Knowledge* 1 (2009), 4.

4
Ibid.

5
Sanford Kwinter, 'Flying the Bullet or When Did the Future Begin?', in: Sanford Kwinter (red.), *Rem Koolhaas: Conversations with Students* (New York: Princeton Architectural Press, 1996), 67–94.

This issue of *OASE* explores optimism in architecture and urban planning in the twentieth and twenty-first centuries. Looking at projects, we cannot simply dismiss the architect's optimism as a side effect of the design or building process. It rather seems to be a driving force within the discipline that brings confidence and change to our built environment. But where does that optimism hide in the design and construction process? Under what circumstances does it rear its head and what causes it (possibly) to be sidelined? How do designers' practices mutate under pressure from an optimistic worldview? How does the bold choice for optimism manifest itself in projects? How persistent is optimism in the face of real life? De facto, it all revolves around the question of where to look for optimism: in the minds of the designers, in the design itself or in the one who beholds the design? The fact that optimism can appear in different places makes it a difficult concept to grasp. Nevertheless, this issue of *OASE* tries to grasp architecture's optimism in all its slipperiness. To this end, we have divided the issue into three sections, each of which situates optimism somewhere else.

A first section, titled Optimistic Praxis, explains how optimism is closely linked to action itself. The texts, written by Andjelka Badnjar Gojnić, Andrea Alberto Dutto, Romain Barth and Filipe Magalhães, explain how optimism is an attitude that unfolds in the practice of designing, building or appropriating a building. Optimism here belongs to humans – in their various capacities – and not the building. Buildings or architecture are deployed as means within optimistic practices, as symbols, imaginations or frameworks. This optimism is a reaction to a crisis, a war or a stock market crash. Trial-and-error is the modus operandi, fuelled by the faith in what is about to come and in what people are creating. The different texts in this part tell us how that 'optimism of action' is guided and nourished by institutions, processes and tools such as a DIY catalogue, a new city or a dilapidated barn.

In the second part, Manifestations of Optimism, Jana Čulek, Yosuke Nakamoto, Sofia Singler, Giulia Conti, and Alessandro Canevari and Davide Servente look at how an architect's optimism takes shape in his/her practice and they try to figure out the outcome of this approach. This optimism is often a reaction to the spirit of the times or to the architect's personal trajectory. Depending on the way it is handled, optimism turns out to be a tool to arm oneself against reality, a crutch for a desired urban development or a sly social criticism. Optimistic colours and curlicues only gain real power when they are propped up by an underlying social project. In Genoa's Polcevera Valley, cheerful visual flair is deliberately deployed as a (naive) antidote to a lamentable existing state of affairs, so writes Conti in her contribution. But sometimes the antidote itself has to be countered because the inflated happiness threatens to obliterate any intellectual nuance, as it is made clear in Singler's text.

The third part of this issue examines The Resilience of Optimism. The authors Robin Hueppe, Jeffrey Kruth and John McMorrough reveal traces of persistent forms of optimism, on the scale of the city, an oeuvre or a worldview. The texts are about failure and hope, about 'deep narratives' and ambivalence, about the inseparable combination of decisiveness and failure. While the optimism that was initially attached to a project or intervention may temporarily disappear from view, it usually re-emerges after a while – sometimes for completely different reasons. In the process, optimism can at times surprise, and despite original underlying intentions – dated or not – it can still fulfil its agenda through its own failure. The optimism of architectural and urban projects turns out to be fundamentally ambiguous, which means it can regularly change camp in a slow and steady process of development.

Tracing optimism is not an exact science. As in any sleuthing, and research practice, feeling plays a significant role. In his *Encyclopédie*, d'Alembert still referred to optimism as an 'opinion', and this also became clear to the editors during the preparation of this issue of *OASE*: optimism can be interpreted in very different ways. Not everyone reads a similar optimistic tone in the same project. Optimism takes place in people's heads (and fortunately no longer only among philosophers, as d'Alembert posited). Before it becomes a tangible reality, optimism is a state of mind, a feeling. A feeling that can be shared through spoken words, prose, poetry, theatre, film, visual art and architecture that make optimism 'land' in the world. Sometimes the 'imposed' optimism is rather ephemeral in nature, for instance in a theatre performance or film, but in the case of architecture, we remain burdened with that petrified optimism for a while after the architect's 'act', while the attached feeling can go in all directions over the years, from the mountain top to the valley, and back again.

We kunnen ons moeilijk een andere — en betere — gebouwde toekomst inbeelden als we er niet optimistisch over zijn en er zelf in geloven. We hebben dus figuren als Candide nodig, want zonder optimisme is de architectuurpraktijk niet levensvatbaar. Niemand zit te wachten op de meester-architect-doemdenker die het einde der tijden vormgeeft.

Dit nummer van *OASE* verkent het optimisme in de architectuur en stedenbouw van de twintigste en eenentwintigste eeuw. Wanneer we projecten bekijken, kunnen we het optimisme van de architect niet zomaar ter zijde schuiven als een neveneffect van het ontwerpen of het bouwen. Het lijkt eerder een drijvende kracht binnen de discipline die vertrouwen en verandering brengt in onze gebouwde omgeving. Maar waar gaat dat optimisme schuil in het ontwerp- en bouwproces? Onder welke omstandigheden steekt het de kop op en waardoor wordt het (eventueel) buitenspel gezet? Hoe muteren de praktijken van ontwerpers onder druk van een optimistisch wereldbeeld? Hoe manifesteert de vrijmoedige keuze voor optimisme zich in projecten? Hoe volhardend is het optimisme in het aanschijn van het echte leven? De facto draait het allemaal om de vraag waar we optimisme gaan zoeken: in de hoofden van de ontwerpers, in het ontwerp zelf of bij diegene die het ontwerp aanschouwt? Het feit dat optimisme op verschillende plaatsen kan opduiken, maakt het echter tot een moeilijk vatbaar begrip. Dit nummer probeert het optimisme in de architectuur in al zijn glibberigheid toch vast te pakken. Daartoe hebben we het nummer opgedeeld in drie delen, die telkens het optimisme ergens anders situeren.

Een eerste deel, getiteld Optimistische praktijken, vertelt hoe optimisme nauw verbonden is aan het handelen zelf. De teksten, geschreven door Andjelka Badnjar Gojnić, Andrea Alberto Dutto, Romain Barth en Filipe Magalhães, belichten het optimisme als een houding die zich in de praktijk van het ontwerpen, het bouwen of het toe-eigenen van een gebouw ontplooit. Optimisme hoort hier de mens toe — in zijn verschillende hoedanigheden — en niet het gebouw. Gebouwen of architectuur worden ingezet als middel binnen de optimistische praktijken, als symbool, verbeelding of kader. Dit optimisme is een reactie op een crisis, een oorlog of een beurskrach. Vallen en opstaan is de *modus operandi*, aangevuurd door het geloof in wat komt en in wat de mensen aan het maken zijn. De verschillende teksten in dit deel tonen ons hoe het 'optimisme van het handelen' wordt begeleid en gevoed door instituten, processen en instrumenten zoals een doe-het-zelf-catalogus, een nieuwe stad of een bouwvallige schuur.

In het tweede deel, Manifestaties van optimisme, belichten Jana Čulek, Yosuke Nakamoto, Sofia Singler, Giulia Conti, en Alessandro Canevari en Davide Servente hoe het optimisme van een architect vorm krijgt in zijn/haar praktijk en tot welke uitkomst dit leidt. Dit optimisme is vaak een reactie op de tijdgeest of op het persoonlijke traject van de architect. Afhankelijk van de manier waarop het wordt gehanteerd, blijkt het optimisme een instrument om zich te wapenen tegen de werkelijkheid, een breekijzer voor een gewenste stedenbouwkundige ontwikkeling of een sluwe maatschappijkritiek. Optimistische kleuren en krullen krijgen pas echt kracht, als ze gestut zijn door een achterliggend maatschappelijk project. In de Polcevera-vallei in Genua wordt vrolijk visuele flair bewust ingezet als een (naïef) antidotum tegen een erbarmelijke bestaande toestand, zo beschrijft Conti in haar bijdrage. Maar soms moet het tegengif zélf worden gecounterd, omdat het opgepompte geluk elke intellectuele nuance dreigt uit te vlakken, zoals blijkt uit de tekst van Singler.

Het derde deel van dit nummer gaat in op De veerkracht van het optimisme. De auteurs Robin Hueppe, Jeffrey Kruth en John McMorrough onthullen sporen van hardnekkige vormen van optimisme, op de schaal van de stad, een oeuvre of een levensbeschouwing. De teksten gaan over falen en over hoop, over dieperliggende verhalen en tweeslachtigheid, het onlosmakelijk samengaan van daadkracht en mislukking. Terwijl het optimisme dat initieel vastzat op een project of een interventie tijdelijk uit het vizier kan verdwijnen, steekt het meestal na verloop van tijd opnieuw de kop op — soms om totaal andere redenen. Het kan daarbij soms verrassend uithalen — en de oorspronkelijk onderliggende, al dan niet gedateerde intenties ten spijt — zijn agenda door de eigen mislukkingen alsnog waarmaken. Het optimisme van architectuur- en stadsprojecten blijkt fundamenteel ambigu, waardoor het in een traag en gestaag ontwikkelingsproces geregeld van kamp kan wisselen.

Speuren naar optimisme is geen exacte wetenschap. Zoals bij elke speuractie, en onderzoekspraktijk, speelt het gevoel een aanzienlijke rol.

Because optimism is initially a feeling – and therefore has a kind of volatility to it – it is a 'possibility', and we should not take this lightly. Optimism as a possibility is not the same as being able to choose a way out of a precarious situation. Optimism is more than just a matter of seeing light at the end of the tunnel, a way out of crisis. It is not merely a lifeline. Kierkegaard wrote:

> Possibility is the weightiest of all categories. It is true that we often hear the opposite stated, that possibility is so light, whereas actuality is so heavy. But from whom does one hear such words? From wretched men who never knew what possibility is, and who, when actuality had shown that they were not good for anything and never would be, mendaciously revived a possibility that was very beautiful and very enchanting[6]

We will leave it open here whether Kierkegaard was entirely right about that or not, but we cannot get around the fact that when optimism as a possibility lands in reality, that optimistic reality is often polished, beautiful and enchanting. So much so that once we have attached ourselves to that optimism, we find it hard to distance ourselves from it. Cultural theorist Lauren Berlant speaks of 'cruel optimism' in this respect, to describe the relationship in which that what you long for becomes an obstacle to your own development:

> All attachment is optimistic if we describe optimism as the force that moves you out of yourself into the world in order to bring closer the satisfying something you cannot generate on your own but sense in the wake of a person, a way of life, an object, project, concept, or scene.[7]

We can easily read optimism in the embellishing 3D simulations of architectural projects full of happy people (see, for instance, Singler's contribution to this issue). We trace it in the idea of progress that shaped many post-Second World War reconstruction projects (see Badjnar Gojnić), as well as in the green façade and roof gardens that decorate architectural projects in the transition to climate adaptation (see Canevari and Servente).

It is easy to get attached to the promises held out to us in such images and projects. But Berlant also warns us that optimism can take on very different faces, less obvious ones, making it difficult for us to resist a potentially cruel optimism.

> But optimism might not feel optimistic. Because optimism is ambitious, at any moment it might feel like anything, including nothing: dread, anxiety, hunger, curiosity, the whole gamut from the sly neutrality of browsing the aisles to excitement at the prospect of 'the change that's gonna come'. Or the change that's not going to come: one of optimism's ordinary pleasures is to induce conventionality, that place where appetites find a shape in the predictable comforts of the good-life genres that a person or a world has seen fit to formulate. . . . Whatever the experience of optimism is in particular, then, the affective structure of an optimistic attachment involves a sustaining inclination to return to the scene of fantasy that enables you to expect that this time, nearness to this thing will help you or a world to become different in just the right way.[8]

While Leibniz was still describing this world as 'the best of all possible worlds', one may wonder – keeping Berlant in mind – whether an 'optimistic world' does not run the risk of becoming the most predictable and conventional of all worlds. So there are quite a few issues at stake when optimism comes to architecture (or vice versa).

Optimism, or bust? Is there a way back once one has had a taste of how architecture can realise a better – or at least happier – world? And if optimism is potentially too cruel, as Berlant claims, is joyful pessimism a worthy alternative? It certainly was not for Swiss author Henri Roorda. In the publication announcing his suicide, he wrote that he had long thought about publishing a little book entitled *The Joyful Pessimism*, because that title sounded good and expressed very well what he had to say. But 'after thinking it over,' so Roorda wrote, 'I believe the expression "joyful pessimism" could make some buyers hesitate. They will not understand. "My Suicide" is a more tempting title. The public has a pronounced taste for melodrama.'[9]

6
Søren Kierkegaard, *The Concept of Anxiety* (Princeton: Princeton University Press, 1980 [1844]), 156.

7
Lauren Berlant, *Cruel Optimism* (Durham, NC/London: Duke University Press, 2011), 1–2.

8
Ibid., 2.

9
Henri Roorda, *My Suicide* (Las Vegas: Spurl Editions, 2015 [1926]), 3.

In zijn *Encyclopédie* benoemde d'Alembert het optimisme nog als een 'mening' en dat bleek ook bij de voorbereiding van dit nummer van *OASE*, toen binnen de redactie duidelijk werd dat optimisme op verschillende manieren kan worden gelezen. Niet iedereen hoort eenzelfde optimistische toon in eenzelfde project. Optimisme speelt zich af in de hoofden van mensen (en gelukkig niet langer alleen bij filosofen, zoals d'Alembert poneerde). Vóór het een tastbare werkelijkheid wordt, is optimisme een gemoedstoestand, een gevoel. Een gevoel dat gedeeld kan worden door middel van gesproken woorden, proza, poëzie, theater, film, beeldende kunst en architectuur die dat optimisme doen 'landen' in de wereld. Soms is het 'opgedrongen' optimisme eerder kortstondig van aard, bijvoorbeeld bij een theatervoorstelling of film, maar bij architectuur blijven we na de *act* van de architect nog een poosje opgezadeld met dat versteend optimisme, terwijl het eraan gekoppelde gevoel door de jaren heen alle richtingen uit kan gaan, van berg naar dal, en weer terug.

Omdat optimisme initieel een gevoel is — en daarmee een soort vluchtigheid kent — is het een 'mogelijkheid'. Daar moeten we niet lichtzinnig over doen. Het optimisme als mogelijkheid is niet hetzelfde als de mogelijkheid om te kiezen voor een uitweg uit een hachelijke situatie. Optimisme is meer dan het zien van licht aan het einde van de tunnel, een uitweg uit de crisis. Het is niet zomaar een reddingsboei. Zo schreef Kierkegaard:

> De mogelijkheid is de zwaarste van alle categorieën. Men hoort wel vaak het tegenovergestelde beweren, dat de mogelijkheid zo licht, maar de werkelijkheid zo zwaar om dragen is. Maar van wie hoort men zo'n verhaal? Van een handjevol ellendelingen, die nooit hebben geweten wat mogelijkheid is en die, toen de werkelijkheid hen aan het verstand bracht dat ze voor niets deugden en nooit voor iets zouden deugen, leugenachtig een mogelijkheid oppoetsten, die zo mooi was en zo betoverend.[6]

Of Kierkegaard het daarmee helemaal bij het rechte eind had, dat laten we hier in het midden. We kunnen er echter niet omheen dat wanneer optimisme als mogelijkheid landt in de werkelijkheid, die optimistische werkelijkheid vaak opgepoetst, mooi en betoverend is. Zozeer zelfs dat, wanneer we ons gehecht hebben aan dat optimisme, we er moeilijk afstand van kunnen nemen. De Amerikaanse cultuur-theoretica Lauren Berlant spreekt in dat opzicht van 'wreedaardig' of 'meedogenloos' optimisme om de relatie te omschrijven waarbij datgene waar men naar verlangt een obstakel vormt voor de eigen ontwikkeling:

> Alle hechting is optimistisch als we optimisme beschrijven als de kracht waarmee je vanuit jezelf de wereld in beweegt om datgene dichterbij te brengen wat je niet uit jezelf kunt genereren, maar aanvoelt in het voetspoor van een persoon, een levenswijze, een object, project, concept of tafereel.[7]

Optimisme lezen we makkelijk in de verbloemende 3D-simulaties van architectuurprojecten vol gelukkige mensen (zie bijvoorbeeld de bijdrage van Singler aan dit nummer). We traceren het in de vooruitgangsgedachte die vormgaf aan veel wederopbouwprojecten na de Tweede Wereldoorlog (zie Badjnar Gojnić), evenals in de groene gevel- en daktuinen die architectuurprojecten sieren in de transitie naar klimaatadaptatie (zie Canevari en Servente).

Het is makkelijk om ons te hechten aan de beloften die ons in dergelijke beelden en projecten voorgehouden worden. Maar Berlant waarschuwt ons ook voor het feit dat optimisme heel andere gezichten kan aannemen, die minder voor de hand liggen, waardoor we ons moeilijk kunnen wapenen tegen een potentieel wreedaardig optimisme.

> Optimisme voelt niet noodzakelijk optimistisch aan. Omdat optimisme ambitieus is, kan het op elk moment aanvoelen als van alles, maar ook als niets: angst, bezorgdheid, honger, nieuwsgierigheid, het hele scala gaande van de sluwe neutraliteit van rondslenteren in de wandelgangen tot de opwinding die hoort bij het vooruitzicht van 'nakende verandering'. Of de verandering die niet gaat komen: een van de ordinaire genoegens van het optimisme is het uitlokken van conventionaliteit, die plaats waar de verlangens een vorm vinden in de voorspelbare gemakken van de genres van het goede leven die een persoon of een wereld passend achtte te formuleren. (...) Wat de

6
Søren Kierkegaard, *Het Begrip Angst* (Eindhoven: Uitgeverij DAMON, 2020 [1844]), 455.

7
Lauren Berlant, *Cruel Optimism* (Durham, NC/Londen: Duke University Press, 2011), 1–2.

This issue of *OASE*, despite a title that carries the possibility of sublime highs and ultimate lows, is anything but melodramatic. The pursuit of emotional effect is not what drives this issue, and angling for controversy and discord, as the title might suggest, is not part of the intent here. 'Optimism or bust?' is a rhetorical question aimed at tracing moments, places or undulations of optimism in the design process. That process is often long, bumpy and not devoid of the occasional feint, defensive obstruction or flight forward. Beneath, behind or in each of those actions, there may be a certain optimism on the part of the designer. An optimism aimed at bringing the project to fruition under the best possible conditions and remediating what does not work.

For isn't that what architecture always does: remedy something and alleviate a need, knowing that – in the light of eternity – this is only temporary and architecture undeniably fails at some point? (See McMorough's contribution in this issue.) It takes us back to the beginning, to Voltaire's Candide, a figure of speech that takes an optimistic position every time, no matter what suffering befalls him. A few years before Voltaire published this little book, Marc-Antoine Laugier wrote his *Essai sur l'architecture* (1753). It is a story about the 'primitive man' – who scores highly in terms of optimism, as Dutto argues further in this issue of *OASE* – who first takes refuge in the forest, then in a cave and finally decides to build the (famous) primitive hut as shelter. A primitive man who sought salvation in the limitation of means to achieve architecture. An architecture whose failure would not lead to disaster, but whose existence (of architecture) assumed and entailed the necessary optimism. 'To be *happy, must we change* the *world*?', French philosopher Alain Badiou asked himself.[10] He formulated the answer to the question by reversing the logic and arguing that in order to change the world, we must first and foremost be happy.[11] But do we also have to be optimistic to achieve that goal? This reflection can help us to better understand the multifaceted nature of intrinsic optimism in architecture and urbanism. It lurks in the thinking that fuels the positive connotation of building projects, but is equally comparable to the optimism put forward in current social debates as a proactive strategy against (climate) catastrophe. It does not arise purely from a belief in technological or building developments and the solutions they can provide, but is itself the engine of a necessary world-changing transition.

10
Alain Badiou, *Happiness* (London/New York: Bloomsbury, 2019), 75–90. Originally published as *Métaphysique du bonheur réel* (Paris: Presses Universitaires de France, 2015).

11
Ibid., 89.

> ervaring van optimisme ook moge zijn, de affectieve structuur van een optimistische gehechtheid omvat dus een aanhoudende neiging om terug te keren naar de scène van de fantasie, waardoor je kunt verwachten dat deze keer, de nabijheid van dit ding jou of een wereld zal helpen om op precies de juiste manier anders te worden.[8]

Terwijl Leibniz deze wereld nog omschreef als 'de beste van alle mogelijke werelden' kan men zich afvragen — met Berlant in het achterhoofd — of een 'optimistische wereld' niet het gevaar in zich draagt de meest voorspelbare en conventionele van alle werelden te worden. Er staat dus best wel één en ander op het spel wanneer het optimisme naar de architectuur toe komt (of omgekeerd).

Optimisme, of de ondergang? Is er nog een weg terug, wanneer men geproefd heeft van de manier waarop architectuur een betere, of op zijn minst een vrolijker wereld kan realiseren? En als optimisme potentieel te wreedaardig is, zoals Berlant beweert, is vrolijk pessimisme dan een waardig alternatief? Dat was het in elk geval niet voor de Zwitserse auteur Henri Roorda. In de publicatie waarmee hij zijn zelfmoord aankondigde, schreef hij dat hij er reeds lang over dacht om een boekje te publiceren met als titel *Het Vrolijke Pessimisme*, omdat die titel goed klonk en uitdrukte wat hij te vertellen had. Maar, 'bij nader inzien,' zo schreef Roorda, 'geloof ik dat "vrolijk pessimisme" een uitdrukking is die sommige kopers zou kunnen afschrikken. Ze zullen die niet begrijpen. "Mijn zelfmoord" is vast een aanlokkelijker titel. Het publiek heeft een uitgesproken voorkeur voor melodrama'.[9] Dit nummer van *OASE* is, ondanks een titel die de mogelijkheid van sublieme hoogten en ultieme laagten in zich draagt, allesbehalve melodramatisch. Emotioneel effectbejag is niet wat dit nummer voortstuwt en het hengelen naar polemiek en tweespalt, zoals de titel zou kunnen suggereren, behoort hier niet tot de opzet. 'Optimisme of de ondergang?' is een retorische vraag die erop gericht is momenten, plekken of golfbewegingen van optimisme te traceren in het ontwerpproces. Dat proces is veelal lang, hobbelig en niet gespeend van een enkele schijnbeweging, een defensieve versperring, of een vlucht vooruit. Onder, achter of in elk van die acties kan zich een zeker optimisme van de ontwerper schuilhouden. Een optimisme dat erop gericht is het project onder de best mogelijke condities tot uitvoering te brengen en te remediëren wat niet functioneert.

Want is dat niet wat architectuur altijd doet: iets remediëren en een nood lenigen, wetende dat dit — in het licht van de eeuwigheid — maar tijdelijk is en de architectuur onmiskenbaar faalt op een bepaald moment? (Zie de bijdrage van McMorrough in dit nummer.) Het brengt ons terug naar het begin, naar Voltaire's Candide, naar een stijlfiguur die telkens weer een optimistische positie inneemt, ongeacht welk leed hem overkomt. Enkele jaren voor Voltaire dit boekje publiceerde, schreef Marc-Antoine Laugier zijn *Essai sur l'architecture* (1753). Het is een verhaal over de 'primitieve mens' — die hoog scoort op het vlak van optimisme, zoals Dutto in dit nummer van *OASE* betoogt — die eerst in het bos schuilt, dan in een grot, en uiteindelijk besluit om de (befaamde) primitieve hut te bouwen als onderkomen. Een primitieve mens die heil zocht in de beperking van de middelen om tot architectuur te komen. Een architectuur waarvan het falen niet tot de ondergang zou leiden, maar waarvan het bestaan (van de architectuur) wel het nodige optimisme veronderstelde en met zich meebracht. 'Om gelukkig te zijn, moeten we daartoe de wereld veranderen?' vroeg de Franse filosoof Alain Badiou zich af.[10] Het antwoord op de vraag formuleerde hij door de logica om te keren en te stellen dat we, om de wereld te kunnen veranderen, eerst en vooral gelukkig — en dus ook optimistisch? — moeten zijn.[11] Die bedenking kan ons helpen de veelzijdigheid van het intrinsieke optimisme in architectuur en stedenbouw beter te begrijpen. Het sluimert in het denken dat de positieve lading voedt van bouwprojecten, maar is evengoed vergelijkbaar met het optimisme dat in de huidige maatschappelijke debatten naar voren wordt geschoven als een proactieve strategie tegen de (klimaat)catastrofe. Het ontstaat niet louter vanuit een geloof in technologische of bouwkundige ontwikkelingen en de oplossingen die ze kunnen aanreiken, maar is zelf de motor van een noodzakelijke wereld-veranderende transitie.

8
Ibid., 2.

9
Henri Roorda, *Mijn zelfmoord* (Amsterdam: Boom, 2021 [1926]), 7.

10
Alain Badiou, *Happiness* (Londen/New York: Bloomsbury, 2019), 75–90. Oorspronkelijke titel *Métaphysique du bonheur réel* (Parijs: PUF, 2015).

11
Ibid., 89.

Andjelka Badnjar Gojnić

Culture-Creating Practices
The Case of Building by Voluntary Action

The first participants in youth work action at the New Belgrade construction site, 1947/
De eerste deelnemers aan een jeugdwerkactie op de bouwplaats van Nieuw Belgrado, 1947

Andjelka Badnjar Gojnić

Culturele praktijken Het verhaal over bouwen als vrijwillige actie

De Hongaarse filosoof György Márkus wees in zijn baanbrekende artikel 'A Society of Culture: The Constitution of Modernity' uit 1994 op de groeiende behoefte aan culturele praktijken. Hij beschreef de tegenstelling tussen rede en verbeelding als het product van de culturele moderniteit. Alleen in het geval van activistische culturele praktijken, zo betoogde Márkus, kan de tegenstelling tussen rede en verbeelding worden overwonnen, zodanig dat ze als een authentieke eenheid verschijnen en de oude antinomieën tussen passie en rede vervangen. Op die manier is de Aristotelische *phantasiai*, oorspronkelijk opgevat als intermediair tussen waarnemen en denken, in staat om een rede vormend element te zijn, waarmee culturele praktijken kunnen worden ontwikkeld.[1]

Aan de hand van dit argument onderzoekt deze tekst de culturele praktijk als een mogelijk teken van optimisme in de architectuur. In dit narratief speelt de geschiedenis van de bouwplaats van Nieuw Belgrado de hoofdrol: daar kwamen vrijwilligers bijeen en begon men met de bouw van een gloednieuwe stad die was bedoeld als de hoofdstad van een nieuwe samenleving. Zoals te zien is op eigentijdse foto's, die het rauwe begin van de onderneming weergeven, bestaat er een bijzondere relatie tussen de vaardigheden van de groep en het beoogde doel. Welk verhaal gaat er schuil achter hun optimisme over de haalbaarheid van de bouwopgave?

Aanvankelijk hield dat optimisme verband met de maatschappelijke context van het historische moment. Joegoslavië wilde na de Tweede Wereldoorlog een zelfbesturende samenleving worden en een middenweg bewandelen tussen kapitalisme en communisme. Zoals de filosoof Cornelius Castoriadis eerder opmerkte, werd dit ondersteund door een sterke volksbeweging die een vorm van geopolitieke autonomie nastreefde. Aangezien Joegoslavië als landbouwnatie te afhankelijk zou blijven van de Sovjet-Unie, was de opbouw van de industrie en het naar de steden halen en opleiden van mensen het eerste doel.[2] De megaopgave van het naoorlogse optimisme ging ervan uit dat de omgeving zou veranderen dankzij de wederopbouw, en de aanleg van steden en infrastructuur die de migratie uit de provincies moest versnellen. De bouw van Nieuw Belgrado was een schoolvoorbeeld van een dergelijke verschuiving naar een nieuwe economie en politiek met als doel de stadscultuur te promoten en migranten een nieuwe ruimtelijke omgeving te bieden.

Om met de bouw te kunnen beginnen in een situatie van schaarse technologie en technische kennis moest een nieuwe praktijk worden bedacht. Het initiatief hiervoor kwam van de organisatie Socialistische Jeugd van Joegoslavië (SOJ), die jongeren opriep mee te doen aan deze vrijwillige bouwacties; het idee was dat jonge mensen de toekomst vol optimisme tegemoetzagen. Studenten, maar ook boeren en arbeiders, zagen de wervingsposters in de straten, meldden zich aan en brachten een maand of twee door op een bouwplaats in Nieuw Belgrado. Daar gingen ze aan de slag in de bouw, kregen ze onderwijs en woonden ze bij elkaar in commune verband. De bouwacties werden georganiseerd en uitgevoerd door leden van de commune, waarbij de overkoepelende organisatie van de Socialistische Jeugd van Joegoslavië de besluiten nam.[3] De bouwacties in Nieuw Belgrado duurden van april

1
György Márkus, 'A Society of Culture: the Constitution of Modernity', in: Gillian Robinson en John Rundell (red.), *Rethinking Imagination: Culture and Creativity* (New York: Routledge, 1994), 15–29.

2
Het artikel werd voor het eerst gepubliceerd onder de namen Pierre Chaulieu en Georges Dupont, 'La bureaucratie yougoslave', *Socialisme ou Barbarie* 5–6 (1950), 1–76 (Pierre Chaulieu was het pseudoniem van Cornelius Castoriadis).

3
Ljubica Radojković, 'Omladinske radne brigade na izgradnji Beograda 1947–1950 godine', *Godišnjak grada Beograda* 5 (1958), 363–420.

In his seminal article 'A Society of Culture: The Constitution of Modernity', Hungarian philosopher György Márkus pointed out a growing need for culture-creating practices. In it, he described the opposition between reason and imagination as the product of cultural modernity. Only with activism in culture-creating, Márkus argued, can the opposition between reason and imagination be overcome so that they can appear in authentic unity, replacing old antinomies between passion and reason. In this way, Aristotelian *phantasia*, originally understood as an intermediary between perceiving and thinking, can acquire the capacity to be a reason constitutive element by which cultures are created.[1]

In the spirit of this argument, this text explores culture-creating practices as a possible mark of optimism in architecture. The narrative takes the history of the New Belgrade construction site as the protagonist, where volunteers gathered and began to build a brand-new city, envisioned as the capital of a new society. As depicted in contemporary photographs that convey the roughness of the beginning of the endeavour, the relation between the group's capacity and its goal was striking. What is the story that fuelled their optimism about the feasibility of the construction task?

Initially, optimism was linked to the social context of the historical moment. Yugoslavia emerged from the Second World War with the aim of establishing a self-governed society and steering a course between capitalism and communism. As philosopher Cornelius Castoriadis pointed out, this was supported by strong grassroots movements willing to achieve a level of geopolitical autonomy. Since agrarianism meant dependence on the USSR, the first aim was to build up industries and bring people into the cities to get an education.[2] The big task of post-war optimism relied on changing the environment: reconstructing war damage and building cities and infrastructure to host migration from the provinces. The construction of New Belgrade was the showcase for this shift to a new economy and politics that promoted city culture and ultimately created new spatial surroundings for migrants.

To initiate construction in a context of scant technology and engineering knowledge required the invention of a new practice. The initiative to set up this practice was taken by the organisation known as Socialist Youth of Yugoslavia (SOJ), which aimed to find the protagonists of this voluntary building action among the young people, who were considered to be full of optimism about the future. Students, but also peasants and workers, would see recruitment posters in the streets, apply and spend a month or two at a New Belgrade construction site. There, they would build, receive education and live in a commune made up of their brigade. The actions were organised and carried out by the commune members, with decisions being regulated by the overarching organisation of the Socialist Youth of Yugoslavia.[3] The New Belgrade action lasted from April to December in the years between 1948 and 1950, attracting some 141,000 participants in total. The seasons were divided into shifts, and groups participated on a monthly basis.[4] Marx's ideal of a union of producers was the model to follow. This was promoted as an optimistic vision of non-alienated production, where buildings served as social mediators and the exchange of labour was based on non-monetary means.[5] With their involvement in this model, volunteers contributed to the collective optimism of their own brigade, but also to their personal prospects. This was possible since, while building, participants could receive additional education in different domains such as woodwork, prefabrication, filming or simply learning to read and write. The day was split in two and after six hours at the site, the rest was devoted to education, cultural activities or socialisation.[6] Once the action was completed, volunteers could get their first job, usually in construction, or a place

1
György Márkus, 'A Society of Culture: the Constitution of Modernity', in: Gillian Robinson and John Rundell (eds.), *Rethinking Imagination: Culture and Creativity* (New York: Routledge, 1994), 15–29.

2
The article was first published under the names Pierre Chaulieu and Georges Dupont, 'La bureaucratie yougoslave', *Socialisme ou Barbarie* 5–6 (1950), 1–76 (Pierre Chaulieu was Cornelius Castoriadis's pseudonym).

3
Ljubica Radojković, 'Omladinske radne brigade na izgradnji Beograda 1947–1950 godine', *Godišnjak grada Beograda* 5 (1958), 363–420.

4
Typescript of the report 'Savezna akcija Novi Beograd. Učešće omladine 1948', unpaged document, Fonds 114: Savez socijalističke omladine Jugoslavije. Radne akcije 1948–1950, Folder 152, Archives of Yugoslavia, Belgrade.

5
Srećko Mihailović, 'Ciljevi i njihovo ostvarenje', in: Toma Dragosavac (ed.), *Omladinske radne akcije – mladost naše zemlje* (Belgrade: Poslovna Politika i Mladost, 1983), 70–116.

6
Typescript of the report 'Dnevni raspored života i rada u studentskim brigadama', Fonds 114: Savez socijalističke omladine Jugoslavije, Radne akcije 1948–1950, Folder 152, Archives of Yugoslavia, Belgrade.

Construction on the Danube embankment by voluntary actions/
De aanleg van dijken langs de oevers van de Donau in het kader van vrijwillige bouwacties

at university. In this way, individual optimism was linked to the public one with architecture serving as an interface.

The building in New Belgrade gave a role to upcoming citizens arriving from the countryside and drew on their endeavours. It was the participants' unskilled labour that made the future. At the same time, the edified objects were a source of collective hope that triggered personal gratification due to the social vision they represented. The building process corresponded with optimistic public prospects. Those prospects were images of a new political constitution, new forms of housing, new chances for education, new openings into the world and new personal histories. All this was represented by the first buildings and their work camps.[7] Volunteers first built themselves temporary homes and learning facilities. The political space was represented by a work camp to construct the Federal Executive Council that was to lead the project of self-governance in the coming decades. Hotel Jugoslavija was to host international visits as part of the Non-Aligned Movement, by means of which Yugoslavia aimed to meet the challenge of its separation from the Eastern Bloc. The Student City was to organise education and manage the flow of migration from the countryside. In line with the ideas of the CIAM, housing was envisioned as an open block set amid greenery, with policies that aimed to ensure an apartment for every citizen. Finally, the spacious Danube embankment would provide public promenades.

The plan for the city was rather loose and it came into being through a series of public competitions that were in search of a vision for the city and the design of specific buildings.[8] Once the winning entries were publicly announced, they offered participants an image with which to identify their personal expectations. They triggered the building activity, and, more than intervening in the design, volunteers were interested in what building project the designs could bring them. One of the participants, later a professor at Belgrade University, recalled:

> Our student brigade from the Faculty of Philosophy . . . returned to the New Belgrade construction site after the summer. This time to help build the Student City. We worked on the interior walls and painted the inside. Artisans showed us how to make safe trestles, how to mix plaster and how to build walls. When our first winter came, we made fires in tin barrels at night to dry the walls. We also used these fires to have barbecues that we all remembered for decades.[9]

As a consequence of the trial-and-error application of laypersons' work, the technology was familiarised and bound up with optimistic prospects. The vision of producers lay not in pastoral socialism or a technologically alienated society, but rather in an attempt to create an industry that was crafted by manual workers. Once the first attempt to establish technology was completed and industry began to have sufficient machinery, engineers and workers, the actions were to be abolished because the state considered them to be too cost demanding. However, this did not happen due to the resistance of the participants, who continued to set up actions with fewer resources and with new modalities. At the New Belgrade site, actions carried on for the next 40 years until the dissolution of Yugoslavia.[10] Their scale and constitution changed, but the participants continued to use the building process as an alibi and background for alternative ways of living.

In line with Márkus's argument on culture-creating practices, the achievement of the building actions was the establishment of a new mode of architectural production through a testing process. The construction site became the central place of participation, where experimental histories of building were developed. Although the invention of social practices, according to Adrian Forty, seemed to have a high chance of failure when it comes to modern architecture, attempts should not necessarily be ruled out.[11] As Jeremy Till points out,

7
'Omladina Jugoslavije je juče počela svoje veliko delo — izgradnju Novog Beograda', *Politika*, 12 April 1948, front cover; Ljubo Ilić, 'Uz izgradnju Novog Beograda', *Arhitektura* 8/10 (1948), 9.

8
Bratislav Stojanović, 'Istorija Novog Beograda I', *Godišnjak grada Beograda* 21 (1974), 211–236.

9
Prof. Slobodan Ž. Marković on being part of the youth action at the New Belgrade construction site in Slobodan V. Ristanović, *Novi Beograd, Graditeljski poduhvat veka* (Belgrade: IA KSE-NA, 2009), 379–381 (the translation is abridged and paraphrased by the author).

10
Srećko Mihailović, 'Karakteristike omladinskih radnih akcija', in: Dragosavac (ed.), *Omladinske radne akcije*, op. cit. (note 5), 56–69.

11
Adrian Forty, 'Dead or Alive: Describing the Social', in: Adrian Forty, *Words and Buildings: A Vocabulary of Modern Architecture* (London: Thames & Hudson, 2000), 102–117.

tot december in de jaren tussen 1948 en 1950; er waren in totaal ongeveer 141.000 deelnemers bij betrokken. De seizoenen werden verdeeld in ploegendiensten waaraan de groepen op maandbasis deelnamen.[4] Het gebruikte model was gebaseerd op het marxistische ideaal van een unie van producenten. Dit werd gepropageerd als een optimistische visie van onvervreemdbare productie, waarbij gebouwen dienden als sociale mediatoren en de uitwisseling van arbeid gebaseerd was op niet-monetaire middelen.[5] Door hun betrokkenheid bij dit model droegen vrijwilligers bij aan het collectieve optimisme van hun eigen werkeenheid, maar verbeterden ze ook hun persoonlijke vooruitzichten. Deelnemers aan de bouw kwamen in aanmerking voor extra onderwijs in verschillende vakken, bijvoorbeeld houtbewerking, prefabricage of cameravoering, of ze leerden gewoon lezen en schrijven. Elke dag was in twee delen gesplitst en na zes uur op de bouwplaats werd de rest van de tijd besteed aan onderwijs en culturele of sociale activiteiten.[6] Na afloop van de bouwactie konden de vrijwilligers aan hun eerste baan beginnen, meestal in de bouw, of naar de universiteit gaan. Zo werd individueel optimisme gekoppeld aan publiek optimisme, waarbij de architectuur als interface fungeerde.

De bouw in Nieuw Belgrado gaf van het platteland afkomstige burgers een positie en deed een beroep op hun arbeidskracht. De ongeschoolde arbeid van de deelnemers schiep de toekomst. Tegelijkertijd waren de gebouwen een bron van collectieve hoop, die persoonlijke voldoening gaf door de sociale visie die ze vertegenwoordigden. Het bouwproces correspondeerde met het optimistische vooruitzicht op een nieuwe politieke grondwet, nieuwe woonvormen, nieuwe kansen op onderwijs, nieuwe openingen naar de wereld en nieuwe persoonlijke geschiedenissen. Dit alles werd gerepresenteerd door de eerste gebouwen en de bijbehorende werkkampen.[7] Eens gearriveerd, begonnen de vrijwilligers met de bouw van tijdelijke woningen en educatieve faciliteiten. Met het gebouw voor de Federale Uitvoerende Raad die het zelfbestuursproject de komende decennia zou leiden, werd een politieke ruimte gecreëerd. Hotel Jugoslavija zou internationale bezoekers gaan ontvangen in het kader van de Beweging van Niet-Gebonden Landen. Met deelname aan die beweging wilde Joegoslavië de afscheiding van het Oostblok het hoofd bieden. In de Studentenstad moest het onderwijs worden georganiseerd en de stroom migranten van het platteland in goede banen geleid. In overeenstemming met de ideeën van het CIAM stelde men zich de huisvesting voor als bouwblokken in het groen, terwijl het beleid erop gericht was om iedere burger een appartement te garanderen. Ten slotte was er op de brede oever van de Donau plaats voor openbare promenades.

Het plan voor de stad was nogal losjes opgezet en kwam tot stand via een reeks openbare prijsvragen waar werd gezocht naar zowel een visie op de stad als ontwerpen voor specifieke gebouwen.[8] Zodra de winnende inzendingen openbaar waren gemaakt, hadden de bouwers een beeld waarmee ze zich persoonlijk konden identificeren. Dit bracht de bouwacties op gang; de vrijwilligers bemoeiden zich niet zozeer met het ontwerp, maar waren er vooral in geïnteresseerd met welk ontwerp ze actief aan de slag konden. Een van de deelnemers, later hoogleraar aan de universiteit van Belgrado, herinnert zich het volgende:

> Onze studenteneenheid van de faculteit Wijsbegeerte (...) keerde na de zomer terug naar de bouwplaats van Nieuw Belgrado. Dit keer om te helpen bij de bouw van de Studentenstad. We werkten aan de binnenmuren en verfden het interieur. Ambachtslieden lieten ons zien hoe je veilige schragen maakt, hoe je pleisterkalk mengt en hoe je muren

4
Typescript van het rapport 'Savezna akcija Novi Beograd. Učešće omladine 1948', ongenummerd document, fonds 114: Savez socijalističke omladine Jugoslavije. Radne akcije 1948–1950, map 152, Archief Joegoslavië, Belgrado.

5
Srećko Mihailović, 'Ciljevi i njihovo ostvarenje', in: Toma Dragosavac (red.), *Omladinske radne akcije – mladost naše zemlje* (Belgrado: Poslovna Politika i Mladost, 1983), 70–116.

6
Typescript van het rapport 'Dnevni raspored života i rada u studentskim brigadama', fonds 114: Savez socijalističke omladine Jugoslavije, Radne akcije 1948–1950, map 152, Archief Joegoslavië, Belgrado.

7
'Omladina Jugoslavije je juče počela svoje veliko delo – izgradnju Novog Beograda', *Politika*, 12 april 1948, voorkant: Ljubo Ilić, 'Uz izgradnju Novog Beograda', *Arhitektura* 8/10 (1948), 9.

8
Bratislav Stojanović, 'Istorija Novog Beograda I', *Godišnjak grada Beograda* 21 (1974), 211–236.

The completed Student City for 6,000 students built by actions with international students, 1961/
De voltooide studentenstad voor 6.000 studenten, gerealiseerd via bouwacties met internationale studenten

> bouwt. Toen de eerste winter aanbrak, maakten we 's nachts vuurtjes in tinnen vaten om de muren te drogen. We gebruikten die vuren ook om barbecues te houden, die we ons tientallen jaren later allemaal nog herinnerden.[9]

Via de proefondervindelijke inzet van lekenarbeid leerde men om te gaan met techniek, en dit ging samen met optimistische vooruitzichten. De visie van de makers had niets te maken met een pastoraal socialisme of een van techniek vervreemde samenleving, maar was een initiatief om (hand)arbeiders vertrouwd te maken met een industrie. Zodra de eerste poging om technische vaardigheden te introduceren was geslaagd en de industrie over voldoende machines, ingenieurs en arbeiders beschikten, zouden de bouwacties worden afgeschaft, omdat de staat ze te duur vond. Dankzij het verzet van de deelnemers, die met minder middelen en op nieuwe manieren bouwacties bleven opzetten, gebeurde dit echter niet. Op de locatie Nieuw Belgrado werden de acties tijdens de daaropvolgende 40 jaar voortgezet, tot de ontbinding van Joegoslavië.[10] De omvang en de opzet van de acties veranderden, maar de deelnemers bleven het bouwproces gebruiken als een excuus en achtergrond voor een alternatieve manier van leven.

In overeenstemming met Márkus' betoog over culturele praktijken resulteerden de bouwacties in een nieuw soort architectuurproductie, namelijk als *test site*. De bouwplaats werd de centrale plek waar experimentele bouwgeschiedenissen werden ontwikkeld. Hoewel volgens Adrian Forty sociale praktijken veel kans liepen te mislukken, als het ging om moderne architectuur, verdienen deze pogingen wel aandacht.[11] Zoals Jeremy Till opmerkte, is de voorwaarde voor vestiging van een sociale praktijk de (vaak moeilijk te vinden) hoop dat zulke praktijken überhaupt mogelijk zijn. Optimisme lijkt daarbij eerder een op een gegeven moment noodzakelijk pragmatisch hulpmiddel dan een standpunt: 'Het geluk van het vermogen en de mogelijkheid om buiten het alomtegenwoordige economische systeem te denken, beperkt de overwegingen over sociale alternatieven, en daarmee ook over ruimtelijke alternatieven.'[12] Bovendien is het, om Farhan Karim te citeren, 'belangrijk geworden voor sociaal geëngageerde architectuur om het verborgen productieproces te onthullen en ook de demonstratie van het bouwproces te tonen'.[13] De bouwacties voor Nieuw Belgrado laten zien dat eventuele culturele praktijken onderdeel zijn van een optimistische constructie en een sociale opgave. Het lijkt een nogal naïef uitgangspunt dat tegenwoordig vooral wordt verbonden met het optimisme van vrijwilligers, maar hun geloof in de bouw van een betere toekomst droeg er in feite toe bij dat de culturele praktijk het zo lang heeft volgehouden. Dit wijst op het belang van voldoening en niet al te vergaande kritische vooroordelen, gezien de toch al kwetsbare pogingen om architectuur en sociale productie met elkaar te verbinden. Zoals Peter Sloterdijk schreef in zijn *Critique of Cynical Reason*:

> De ontevredenheid in onze cultuur heeft een nieuwe eigenschap ontwikkeld: die verschijnt als een universeel, diffuus cynisme. De traditionele ideologiekritiek staat machteloos tegenover dit cynisme. Die weet niet aan welke knoppen van dit cynisch bijtende bewustzijn er moet worden gedraaid om verlichting op gang te brengen.[14]

Het hier besproken voorbeeld van New Belgrado is ook relevant om een hoopvol scenario voor een culturele praktijk te agenderen, zonder de positie van de vrijwilliger te idealiseren. Het ging niet altijd om dissidenten die volledig kritisch bewust reageerden op hun maatschappelijke en

9
Professor Slobodan Ž. Marković over zijn deelname aan de jongerenactie op de bouwplaats van Nieuw Belgrado, in: Slobodan V. Ristanović, *Novi Beograd, Graditeljski poduhvat veka* (Belgrado: IA KSE-NA, 2009), 379–381 (de vertaling is ingekort en geparafraseerd door de auteur).

10
Srećko Mihailović, 'Karakteristike omladinskih radnih akcija', in: Dragosavac (red.), *Omladinske radne akcije*, op. cit. (noot 5), 56–69.

11
Adrian Forty, 'Dead or Alive: Describing the Social', in: Adrian Forty, *Words and Buildings: A Vocabulary of Modern Architecture* (Londen: Thames & Hudson, 2000), 102–117.

12
Jeremy Till, 'Voorwoord', in: Farhan Karim (red.), *The Routledge Companion to Architecture and Social Engagement* (New York: Routledge, 2018), xxvii.

13
Farhan Karim, 'Introduction: Architecture and Social Engagement', in: ibid, xxxvi.

14
Peter Sloterdijk, *Critique of Cynical Reason* (Minnesota: University of Minnesota Press, 1987), 3. Oorspronkelijk verschenen als *Kritik der zynischen Vernunft* (Frankfurt am Main: Suhrkamp Verlag, 1983).

the prerequisite for the establishment of social practices is to have the hope, often hard to find, that such practices are possible. Optimism seems to be a currently needed pragmatic tool rather than a point of view: 'The luck of ability and opportunity to think outside of the pervasive economic system limits considerations of social alternatives, and, with it, spatial alternatives.'[12] Furthermore, quoting Farhan Karim, it has become 'important for socially engaged architecture to unveil the concealed production process and also to exhibit the demonstration of the construction process'.[13] Following these concerns, the proposed case points towards culture-creating practices in making as part of an optimistic construction and social endeavour. A degree of naivete that nowadays might be attributed to volunteers' optimism to build a better future actually contributed to the long-term establishment of the practice. This points to the relevance of gratification and non-extensive critical prejudice when it comes to already fragile attempts to bond architecture and social production. As Peter Sloterdijk wrote in *Critique of Cynical Reason*:

> The discontent in our culture has assumed a new quality: it appears as a universal, diffuse cynicism. The traditional critique of ideology stands at a loss before this cynicism. It does not know what button to push in this cynically keen consciousness to get enlightenment going.[14]

The history of this particular case is also relevant to offer a hopeful scenario for a culture-creating practice by avoiding the idealisation of the volunteer. This was not always a dissident, reacting to his or her social and political surroundings with full critical awareness. Instead, volunteers came from a variety of social backgrounds inspired by different motives and were not necessarily driven by the Yugoslavian political vision of self-governance. Here, Cornelius Castoriadis's critique of the broadly spread Marxist view on society appears relevant, while it opposes division into superstructure and infrastructure, into ideology and production. 'These superstructures are no more than a fabric of social relations, neither more nor less "real", neither more nor less "inert" than the others, and just as "conditioned" by the infrastructures as the infrastructures are by them.'[15] Conversely, he explains, what does exist is social production, which is made by all of us as conscious individuals. When this social production is successful, it relates directly with negotiation, materials and sites, and with a process of making and a sense of being part of a certain entity. While striving for this goal, the argument of this paper points to the relevance of the culture-creating practices as a twofold ambition: as a source of optimistic and innovative ideas about production, and as a possibility of direct engagement between material and citizens. Citizens willing to take part in publicly shared perspectives – on architecture, optimism, for instance – that go beyond the mere architect-client relationship.

12
Jeremy Till, 'Foreword', in: Farhan Karim (ed.), *The Routledge Companion to Architecture and Social Engagement* (New York: Routledge, 2018), xxvii.

13
Farhan Karim, 'Introduction: Architecture and Social Engagement', in: ibid., xxxvi.

14
Peter Sloterdijk, *Critique of Cynical Reason* (Minnesota: University of Minnesota Press, 1987), 3. Originally published as *Kritik der zynischen Vernunft* (Frankfurt am Main: Suhrkamp Verlag, 1983).

15
Cornelius Castoriadis, *Imaginary Institution of Society* (Cambridge/Malden: Polity Press, 1987), 20. Originally published as *L'institution imaginare de la société* (Paris: Editions du Seuil, 1975).

politieke omgeving. In plaats daarvan kwamen de vrijwilligers uit verschillende sociale milieus. Ze werden gedreven door verschillende motieven, niet zozeer door de Joegoslavische politieke visie van zelfbestuur. Hier lijkt de kritiek van Cornelius Castoriadis op de breed verbreide marxistische visie op de samenleving waardevol, waar die zich verzet tegen een indeling in superstructuur en infrastructuur, in ideologie en productie. 'Deze superstructuren zijn niet meer dan een weefsel van sociale relaties, niet meer of minder "echt", niet meer of minder "inert" dan de andere, en net zo "geconditioneerd" door de infrastructuren, als de infrastructuren door hen.'[15] Wat daarentegen wel bestaat, zo legt hij uit, is het sociale maakproces dat door ons allen, als bewuste individuen, tot stand wordt gebracht. Wanneer deze sociale productie succesvol is, houdt zij rechtstreeks verband met onderhandelingen, materialen en locaties, met het maakproces en met het gevoel deel uit te maken van een bepaald geheel. Dit artikel beargumenteert de waarde van een culturele praktijk in de zin van dubbele ambitie: als bron van optimistische en vernieuwende ideeën over het maken van dingen, en als een kans voor directe interactie tussen materialen en burgers. Burgers die bereid zijn mee te werken aan publiek gedeelde perspectieven — bijvoorbeeld op architectuur, optimisme — die de loutere architect-opdrachtgeverrelatie overstijgen.

15
Cornelius Castoriadis, *Imaginary Institution of Society* (Cambridge/Malden: Polity Press, 1987), 20. Oorspronkelijk verschenen als *L'institution imaginare de la société* (Parijs: Éditions du Seuil, 1975).

Andrea Alberto Dutto

On Another Shelter in Paradise

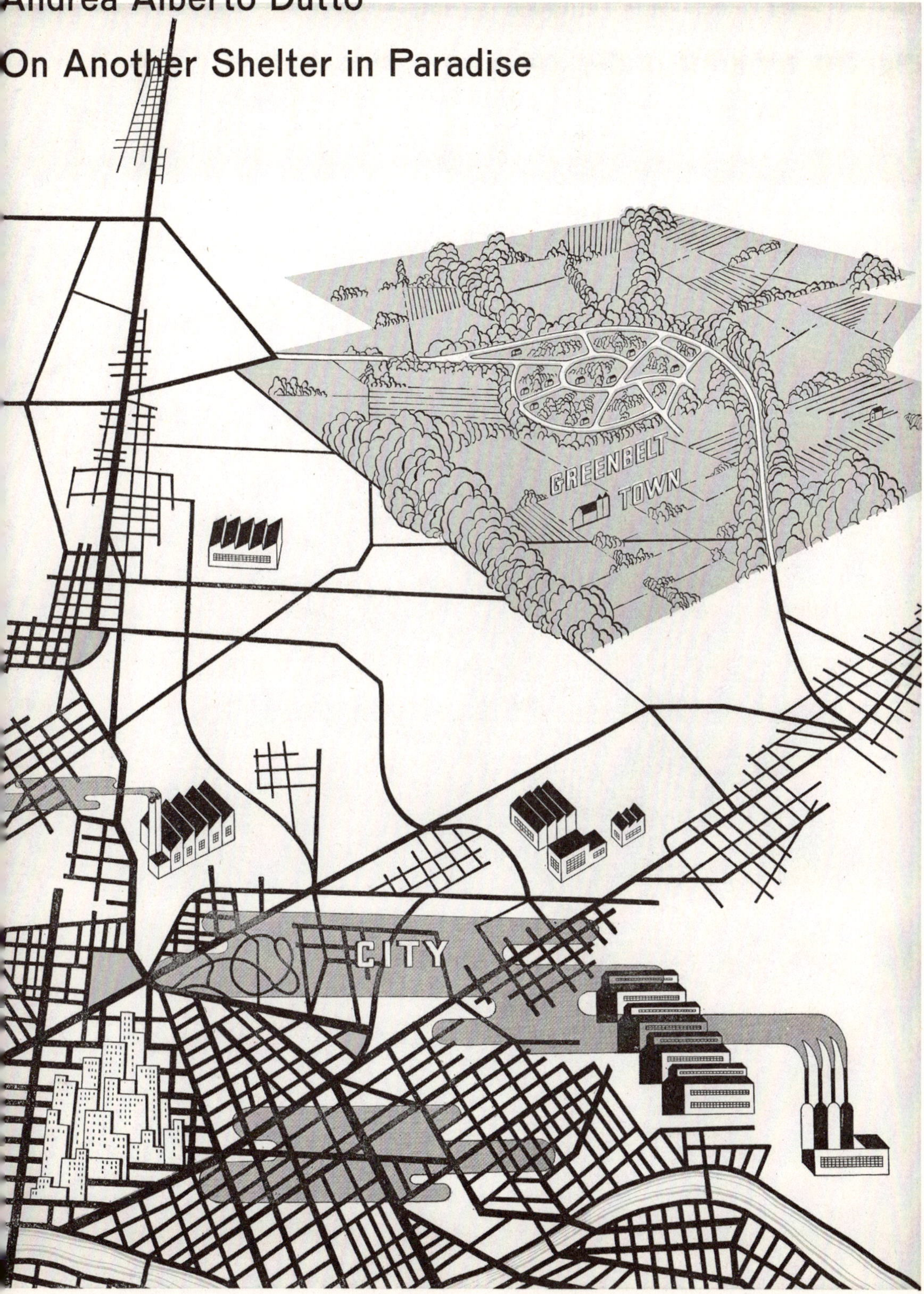

US Resettlement Administration, *The Greenbelt Town*, 1936

Andrea Alberto Dutto

Over een ander onderkomen in het paradijs

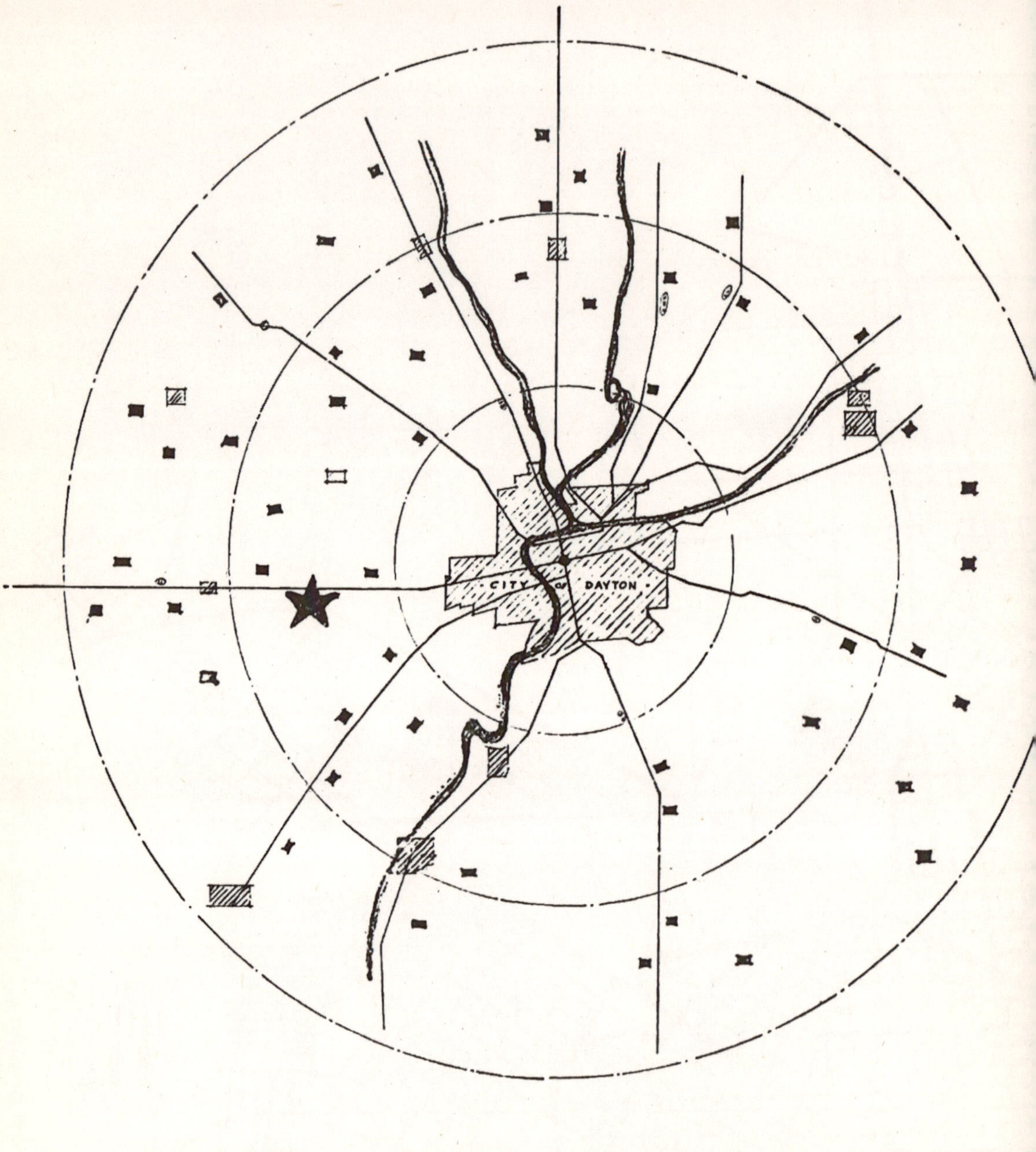

Plan of the 50 Homestead Units of 35 to 40 families each to be established around Dayton, Ohio. The first homestead unit is indicated by the star/ Plattegrond van de 50 Homestead Units van elk 35 tot 40 gezinnen, die rond Dayton, Ohio, moeten worden opgericht. De eerste Homestead Unit is aangegeven met een ster. From/ uit: R. Borsodi, *Flight from the City,* 1933

Among the fictional characters that populate architecture theories, Marc-Antoine Laugier's primitive man deserves full marks for optimism. Laugier introduces the primitive man in his *Essai sur l'architecture* (1753), which famously culminates in the archetype of the primitive hut. The narrative sees the primitive man looking for shelter from a series of calamities such as scorching heat, torrential rain, darkness and foul air. At first, he finds shelter in the forest, then in a cave, and eventually in a hut built with trunks and branches. Laugier also gives details about the psychology of the primitive man.[1] At first, he is 'relaxed' laying on the banks of a brook, then he is 'content' in the shadows of the forest, and he is 'praising himself for his discovery' of a cave and further the hut.[2] These characteristics correspond to the profile of the 'realistic optimist', described by psychologist Sandra L. Schneider as someone who turns a difficult situation into 'a challenge . . . that offers a potential opportunity for bringing about a beneficial change'.[3] According to Schneider, the realistic optimist is someone who undertakes the 'I-can-do-it' attitude in opposition to the unrealistic 'it-will-happen' attitude.[4]

A similar atmosphere of realistic optimism characterises the work of several back-to-the-land pioneers facing the Great Depression of the 1930s and culminates in the *Whole Earth Catalog* (1968), a bestseller with 2.5 million copies sold in the early 1970s. These pioneers firmly believed that an alternative to the crisis was possible by communicating their experience to others through the publication of instructional books.

Actually, the book intervened as a remedy to failures experienced with other tools. This is the case of Ralph Borsodi, who theorised decentralism, namely: self-reliant homesteads countering the United States' centralised economic system, which proved unable to cope with the Great Depression.[5] Thanks to his experience as a consulting economist for leading corporations, Borsodi envisioned cooperatives of 40 to 50 homesteaders who 'could put their properties into trust, in order to retain the use-value of the land for the benefit of the community'.[6] Specifically, the 'homestead' stood for a family-driven farmhouse strongly focused on the functional and symbolic core of the home.

The first time Borsodi was able to put this idea into practice occurred in 1933, when he was invited to develop a plan for 50 homestead colonies around Dayton, Ohio. This was two years before Franklin D. Roosevelt's Green Belt Town Program attempted to merge the benefits of town and country living.[7] However, things didn't go well. Borsodi expected homesteaders to adhere to his decentralist philosophy, but ultimately this did not happen. Following several difficulties, homesteaders voted in favour of governmental funding and federal authorities took over the project. Borsodi left and the project failed.[8]

The outcome of the Dayton experience forced Borsodi's attitude to become more realistic while maintaining his optimistic perspective. Borsodi relied more and more on the potential of books to promote his decentralist project. Together with his wife, he wrote bulletins on 'how-to-do' homesteading, which were then published by the School of Living, an organisation he founded in 1934.[9] In the book *Flight from the City,* Borsodi recounted how he had been able to self-build his own small farm in Suffern already in the early 1920s, during a time of economic recession and a flu pandemic.[10] In the chapter called 'Shelter', Borsodi explained how he had practised as a carpenter, plumber and electrician in order to transform step-by-step an initial hut into an exemplary homestead. At first, he built a chicken house to test his skills. Then, he began reading handbooks such as Ernest Flagg's

1
Joseph Rykwert, *On Adam's House in Paradise: The Idea of the Primitive Hut in Architectural History* (Cambridge: MIT Press, 1981), 46.

2
Marc-Antoine Laugier, *An Essay on Architecture [1753]*, translated by Wolfgang and Anni Herrmann (Los Angeles: Hennessey & Ingalls, 1977), 11–12.

3
Sandra L. Schneider, 'In Search of Realistic Optimism', *American Psychologist* 56/3 (2001), 256.

4
Ibid., 258.

5
Allan C. Carlson, *The New Agrarian Mind: The Movement toward Decentralist Thought in Twentieth-Century America* (New Brunswick: Transaction Publishers, 2000), 56.

6
Ralph Borsodi, *Flight from the City* (New York: Harper & Row, 1972 [1933]), 33.

7
David Emory Shi (ed.), *In Search of the Simple Life: American Voices, Past and Present* (Salt Lake City: Peregrine Smith Books, 1986), 248–252.

8
Jacob H. Dorn, 'Subsistence Homesteading in Dayton, Ohio, 1933–1935', *Ohio History Journal* 78 (1969), 75–93.

9
Ralph Borsodi, *Problems of Living*, seminar at Oberlin College, 1940.

10
Borsodi, *Flight from the City*, op. cit. (note 6), 61–71.

Marc-Antoine Laugier's 'primitieve mens' onderscheidt zich vanwege zijn optimisme van alle andere fictieve personages die de architectuurtheorie bevolken. Laugier introduceert deze primitieve mens in zijn *Essai sur l'architecture* (1753) dat, zoals bekend mag worden verondersteld, culmineert in het archetype van de primitieve hut. In het verhaal zoekt de primitieve mens bescherming tegen calamiteiten zoals verzengende hitte, slagregens, duisternis en vervuilde lucht. Eerst zoekt hij een goed heenkomen in het bos, vervolgens in een grot en uiteindelijk in een uit boomstammen en takken opgetrokken hut. Laugier verstrekt ook nadere gegevens over de psychologie van de primitieve man.[1] Eerst ligt hij 'ontspannen' aan de oever van een beek, dan beweegt hij zich 'tevreden' in de schaduw van het bos, dan 'prijst hij zich gelukkig' vanwege zijn ontdekking van een grot en vervolgens de hut.[2] Deze kenmerken komen overeen met het profiel van de 'realistische optimist', die psychologe Sandra L. Schneider omschrijft als iemand die een moeilijke situatie opvat als 'een uitdaging (...) die hem potentieel de kans biedt om een heilzame verandering teweeg te brengen'.[3] Volgens Schneider is de realistische optimist iemand die de 'ik-kan-het' houding aanneemt in tegenstelling tot de onrealistische 'het-gebeurt-wel' houding.[4]

Een soortgelijke sfeer van realistisch optimisme zien we terug in het werk van verschillende pioniers van de Back-to-the-Land-beweging die zich met de crisis van de jaren 1930 geconfronteerd zagen. Dit culmineerde in de *Whole Earth Catalog* (1968), een verkoopsucces waarvan begin jaren 1970 2,5 miljoen exemplaren werden verkocht. De pioniers geloofden stellig dat ze een alternatief voor de crisis konden bieden, door hun ervaring aan anderen door te geven via de publicatie van instructieboeken.

Die boeken kwamen er, nadat eerdere instrumenten voor zelfredzaamheid hadden gefaald. Neem nu Ralph Borsodi, die het decentralisme theoretiseerde in termen van de zelfredzame *homesteads* die een reactie waren op het Amerikaanse gecentraliseerde economische systeem dat niet opgewassen bleek tegen de crisis van de jaren 1930.[5] Op basis van zijn ervaring als adviserend econoom bij toonaangevende bedrijven bedacht Borsodi coöperaties van 40 tot 50 *homesteaders* die 'hun eigendommen in trusts konden onderbrengen om zo de gebruikswaarde van het land te behouden ten behoeve van de gemeenschap'.[6] *Homestead* verwijst met name naar een familiebedrijf van boeren dat sterk gericht is op de functionele en symbolische kern van het thuis.

De eerste keer dat Borsodi dit idee in praktijk kon brengen was in 1933, toen hij werd uitgenodigd om een plan te ontwikkelen voor 50 *homesteader*-nederzettingen rond Dayton, Ohio. Dit was twee jaar voor Franklin D. Roosevelt via zijn *Green Belt Town Program* de voordelen van stad en platteland probeerde te combineren.[7] Maar het liep niet goed af; Borsodi had verwacht dat de *homesteaders* zijn decentralistische filosofie zouden volgen, maar uiteindelijk deden ze dat niet. Na verschillende problemen stemden de *homesteaders* vóór overheidsfinanciering en namen de federale autoriteiten het project over. Borsodi vertrok en het project mislukte.[8]

Zijn ervaringen in Dayton dwongen Borsodi tot een meer realistische houding, met behoud van zijn optimistische perspectief. Hij vertrouwde steeds sterker op de mogelijkheid om zijn decentralistische project per boek te promoten. Samen met zijn vrouw schreef hij Hoe-pak-ik-het-aan bulletins over *homesteading* die vervolgens werden uitgegeven door de School of Living, een organisatie die hij in 1934 oprichtte.[9] In het boek *Flight from the City* vertelde Borsodi hoe hij er al in het begin van de jaren 1920, een tijd van

1
Joseph Rykwert, *On Adam's House in Paradise: The Idea of the Primitive Hut in Architectural History* (Cambridge, MA: MIT Press, 1981), 46.

2
Marc-Antoine Laugier, *An Essay on Architecture (1753)*, vertaling Wolfgang en Anni Herrmann (Los Angeles: Hennessey & Ingalls, 1977), 11–12.

3
Sandra L. Schneider, 'In Search of Realistic Optimism', *American Psychologist* 56/3 (2001), 256.

4
Ibid., 258.

5
Allan C. Carlson, *The New Agrarian Mind: The Movement toward Decentralist Thought in Twentieth-Century America* (New Brunswick: Transaction Publishers, 2000), 56.

6
Ralph Borsodi, *Flight from the City* (New York: Harper & Row, 1972 [1933]), 33.

7
David Emory Shi (red.), *In Search of the Simple Life: American Voices, Past and Present* (Salt Lake City: Peregrine Smith Books, 1986), 248–252.

8
Jacob H. Dorn, 'Subsistence Homesteading in Dayton, Ohio, 1933–1935', *Ohio History Journal* 78 (1969), 75–93.

9
Ralph Borsodi, *Problems of Living*, seminar bij Oberlin College (1940).

Small Houses (1922), from which he could learn a labour-saving device for the construction of rock walls. Ultimately, Borsodi elevated the idea of shelter to a learning process and a way to achieve intellectual and bodily benefits.[11]

Another important contributor to the School of Living publications was a designer-builder based in California named Ken Kern, who drew upon Borsodi's decentralist theory. Kern experimented with design-build procedures on his own 20-acre homestead near Oakhurst and later illustrated them in his 'how-to-do-it' publications.[12] Kern aimed at providing owner-builders with all the knowledge they needed to self-build and customise their homesteads over time, according to their needs. He showed the benefits of building and living in low-budget customised spaces that no mass-produced housing contractor could afford to realise, such as the 'expandable house', which could be developed from an initial mobile unit into a proper homestead.[13]

Having achieved good selling success with a 'how-to-do-it' book entitled *The Owner-Built Home*, in 1961 Kern established his own publishing house with the self-explanatory name of Owner-Builder Publications. Key to the success of these publications was the extensive use of hand-drawn, fully annotated illustrations suitable for being understood by a lay audience. Kern's content and communicative method were so relevant that Lloyd Kahn – editor of the *Shelter* section in the *Last Whole Earth Catalog* (1972) – reviewed Kern's *The Owner-Built Home* as 'the most useful book on building available'.[14]

Kern's publications anticipated the advent of the *Whole Earth Catalog*, which gathered information to purchase books published by independent publishing houses concerned with alternative technologies, do-it-yourself and ecological issues. Like Borsodi and Kern, creator and editor of the *Whole Earth Catalog* Stewart Brand 'maintained his fundamental optimism and belief in the power of people to fix big problems'.[15] He considered his catalogue as a way to build up an alternative society based on self-reliance and ultimately succeeded in his endeavour. As argued by Andrew Kirk:

> Optimism was one of the things that made *Whole Earth* such a success . . . the message that most readers got from the *Whole Earth Catalog* was unbridled technological optimism, the idea that innovation and invention with a conscience could overcome even the worst social and environmental problems.[16]

The catalogue's section *Shelter* was soaked with such technological optimism. In continuity with celebrated pioneers, like Henry David Thoreau's *Walden Pond Cabin* and John Burroughs's *Slabsides Cabin*, this section promoted the construction of self-made shelters geared towards an aesthetic of precarity or rather a 'funk architecture' like the one built by the hippie communes of Drop City and Libre.[17] The section also included experimental books aimed at stimulating readers to build, such as Steve Baer's *Dome-Cookbooks* (1968) and Ant Farm's *Inflatocookbook* (1971). Rather than manuals for architects or engineers, these were literally cookbooks applied to construction: they provided ingredients, times and procedures for making domes and inflatables. And what could not be self-made by reading instruction manuals could be directly ordered from suppliers (such as tents or tensiles).

Key to the editorial success of the *Whole Earth Catalog* was the impending 1973 oil crisis, reminding Americans of the Great Depression and encouraging them to equip to withstand the crisis individually.[18] From 1974 on, the catalogue integrated a new section, edited by Jim Baldwin, called *Soft-Technologies*, which promoted home-made renewable energy production devices. At the same time, the *Shelter* section started shrinking until totally disappearing in the *Next Whole Earth Catalog* of 1980. The overly

11
Ibid., 65.

12
Mildred J. Loomis, *Alternative Americas* (New York: Universe Books, 1982), 116.

13
Ken Kern, *The Owner-Built Home* (Oakhurst: Owner builder publications, 1961), 104.

14
Stewart Brand (ed.), *The Last Whole Earth Catalog: Access to Tools* (Bladensburg, MD: Craftsman, 1972), 94.

15
Andrew G. Kirk, *Counterculture Green: The Whole Earth Catalog and American Environmentalism* (Lawrence: University Press of Kansas, 2007), 34.

16
Ibid., 167, 55.

17
Henry David Thoreau, *Walden, or, Life in the Woods* (Mineola, NY: Dover Publications, 2002 [1854]), 104-127; Elizabeth Burroughs Kelley, *John Burroughs' Slabsides* (Fredericksburg, VA: Riverby Books, 1987); Bill Voyd, 'Funk Architecture', in: Paul Oliver, *Shelter and Society* (London: Barrie & Rockliff the Cresset, 1969), 156-164.

18
Giovanna Borasi and Mirko Zardini (eds.), *Sorry, Out of Gas: Architecture's Response to the 1973 Oil Crisis* (Montréal: Canadian Centre for Architecture, 2007).

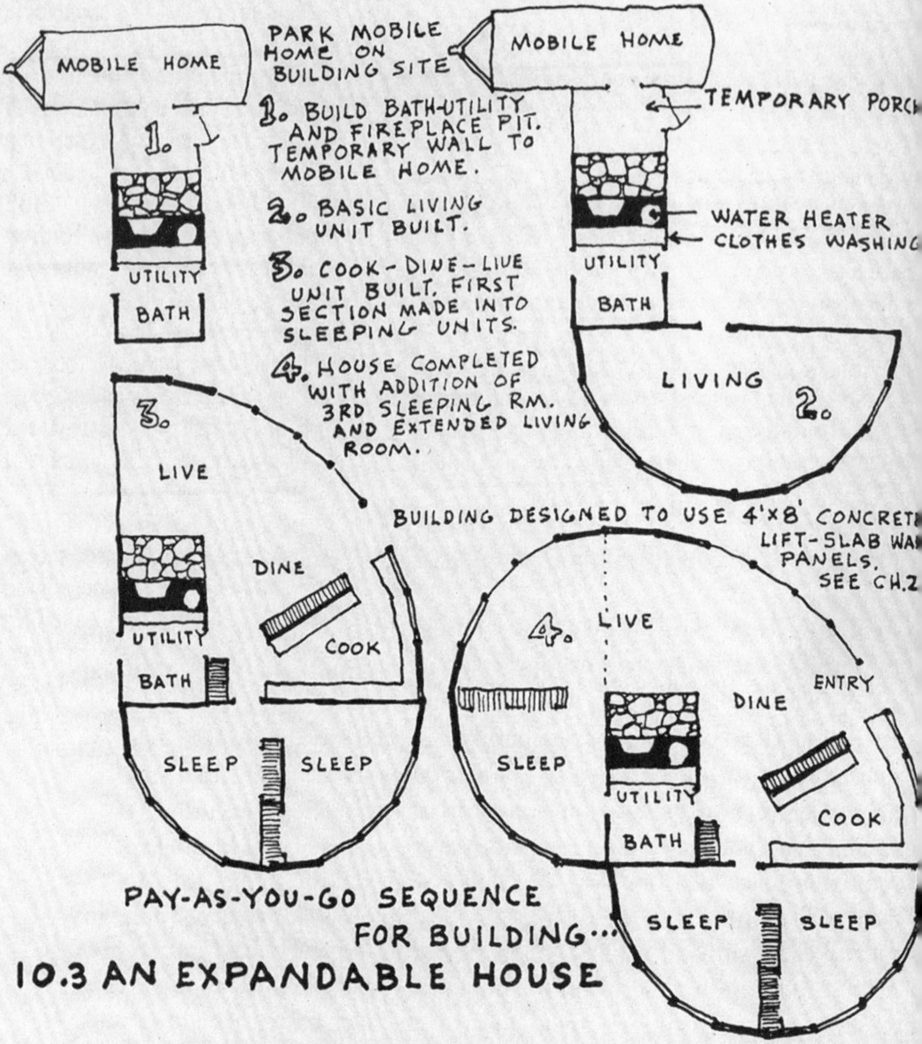

10.3 AN EXPANDABLE HOUSE

activity area of the house. The hallway functioned as passageway, storage facility, and utility area. Wright was, perhaps, the first to build the house with an exposure differing from the traditional outward one. He preferred an orientation to private view.

Wright introduced into house design and structure many important planning concepts. Even 50 years after their inception, these ideas have barely trickled down into the mainstream of conventional architectural practice and expression. Wright spoke of "organic architec-

From/ uit: *Ken Kern, The Owner-Built Home*, 1961

ture" and of the "natural house." Today, architectural renegades surpass Wright's perceptions to somewhat the same extent that he surpassed his contemporaries. These mavericks now speak of "free-form" architecture and the "endless house," a term coined by the architect Kiesler. The arrangements and the dimensions of the endless house are determined by the various living activities of its inhabitants. Its free-flowing form derives from the fact that any section of the house can be closed off or opened into one, continuous space. Unlike a room, this space cannot upon first encounter be fully perceived, measured, and comprehended by our faculties. It has a charming indefiniteness of bounds and an elusiveness of volume, which lend it an unpredictable, natural quality unlike anything else found on the contemporary scene.

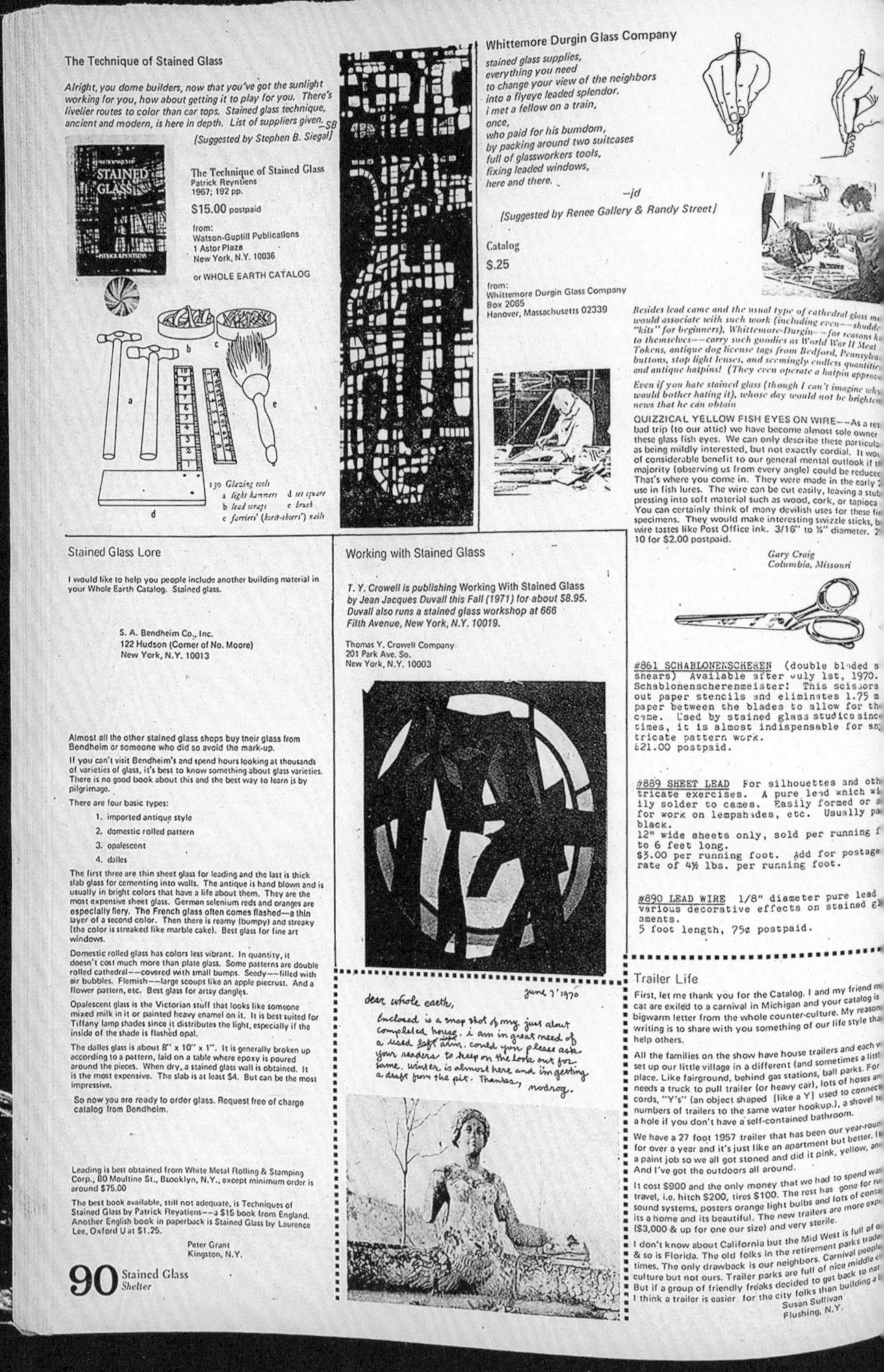

The Technique of Stained Glass

Alright, you dome builders, now that you've got the sunlight working for you, how about getting it to play for you. There's livelier routes to color than car tops. Stained glass technique, ancient and modern, is here in depth. List of suppliers given. —SB

[Suggested by Stephen B. Siegal]

The Technique of Stained Glass
Patrick Reyntiens
1967; 192 pp.

$15.00 postpaid

from:
Watson-Guptill Publications
1 Astor Plaza
New York, N.Y. 10036

or WHOLE EARTH CATALOG

130 *Glazing tools*
a *light hammers* d *set square*
b *lead scraps* e *brush*
c *farriers' (horse-shoers') nails*

Whittemore Durgin Glass Company

stained glass supplies,
everything you need
to change your view of the neighbors
into a flyeye leaded splendor.
i met a fellow on a train,
once,
who paid for his bumdom,
by packing around two suitcases
full of glassworkers tools,
fixing leaded windows,
here and there.

—jd

[Suggested by Renee Gallery & Randy Street]

Catalog
$.25

from:
Whittemore Durgin Glass Company
Box 2065
Hanover, Massachusetts 02339

Besides lead came and the usual type of cathedral glass m… would associate with such work (including even—shudde… "kits" for beginners), Whittemore-Durgin—for reasons k… to themselves—carry such goodies as World War II Meat … Tokens, antique dog license tags from Bedford, Pennsylva… buttons, stop light lenses, and seemingly endless quantitie… and antique hatpins! (They even operate a hatpin approv…

Even if you hate stained glass (though I can't imagine wh… would bother hating it), whose day would not be brighten… news that he can obtain

QUIZZICAL YELLOW FISH EYES ON WIRE—As a res… bad trip (to our attic) we have become almost sole owner… these glass fish eyes. We can only describe these particula… as being mildly interested, but not exactly cordial. It wou… of considerable benefit to our general mental outlook if t… majority (observing us from every angle) could be reduce… That's where you come in. They were made in the early … use in fish lures. The wire can be cut easily, leaving a stub… pressing into soft material such as wood, cork, or tapioca … You can certainly think of many devilish uses for these fi… specimens. They would make interesting swizzle sticks, b… wire tastes like Post Office ink. 3/16" to ¼" diameter. 2… 10 for $2.00 postpaid.

Gary Craig
Columbia, Missouri

#861 SCHABLONENSCHEREN (double bladed s… shears) Available after July 1st, 1970. Schablonenscherenmeister! This scissors… out paper stencils and eliminates 1.75 m… paper between the blades to allow for th… came. Used by stained glass studios sinc… times, it is almost indispensable for an… tricate pattern work.
$21.00 postpaid.

#889 SHEET LEAD For silhouettes and oth… tricate exercises. A pure lead which wi… ily solder to cames. Easily formed or … for work on lampshades, etc. Usually pa… black.
12" wide sheets only, sold per running f… to 6 feet long.
$3.00 per running foot. Add for postage… rate of 4½ lbs. per running foot.

#890 LEAD WIRE 1/8" diameter pure lead … various decorative effects on stained g… aments.
5 foot length, 75¢ postpaid.

Stained Glass Lore

I would like to help you people include another building material in your Whole Earth Catalog. Stained glass.

S. A. Bendheim Co., Inc.
122 Hudson (Corner of No. Moore)
New York, N.Y. 10013

Almost all the other stained glass shops buy their glass from Bendheim or someone who did so avoid the mark-up.

If you can't visit Bendheim's and spend hours looking at thousands of varieties of glass, it's best to know something about glass varieties. There is no good book about this and the best way to learn is by pilgrimage.

There are four basic types:

1. imported antique style
2. domestic rolled pattern
3. opalescent
4. dalles

The first three are thin sheet glass for leading and the last is thick slab glass for cementing into walls. The antique is hand blown and is usually in bright colors that have a life about them. They are the most expensive sheet glass. German selenium reds and oranges are especially fiery. The French glass often comes flashed—a thin layer of a second color. Then there is reamy (bumpy) and streaky (the color is streaked like marble cake). Best glass for fine art windows.

Domestic rolled glass has colors less vibrant. In quantity, it doesn't cost much more than plate glass. Some patterns are double rolled cathedral—covered with small bumps. Seedy—filled with air bubbles. Flemish—large scoups like an apple piecrust. And a flower pattern, etc. Best glass for artsy dangles.

Opalescent glass is the Victorian stuff that looks like someone mixed milk in it or painted heavy enamel on it. It is best suited for Tiffany lamp shades since it distributes the light, especially if the inside of the shade is flashed opal.

The dalles glass is about 8" x 10" x 1". It is generally broken up according to a pattern, laid on a table where epoxy is poured around the pieces. When dry, a stained glass wall is obtained. It is the most expensive. The slab is at least $4. But can be the most impressive.

So now you are ready to order glass. Request free of charge catalog from Bendheim.

Leading is best obtained from White Metal Rolling & Stamping Corp., 80 Moultine St., Brooklyn, N.Y., except minimum order is around $75.00

The best book available, still not adequate, is Techniques of Stained Glass by Patrick Reyatiens—a $15 book from England. Another English book in paperback is Stained Glass by Laurence Lee, Oxford U at $1.25.

Peter Grant
Kingston, N.Y.

Working with Stained Glass

T. Y. Crowell is publishing Working With Stained Glass *by Jean Jacques Duvall this Fall (1971) for about $8.95. Duvall also runs a stained glass workshop at 666 Fifth Avenue, New York, N.Y. 10019.*

Thomas Y. Crowell Company
201 Park Ave. So.
New York, N.Y. 10003

june 7' 1970

dear whole earth,

enclosed is a snap shot of my just about completed house. i am in great need of a used soft arm. could you please ask your readers to keep on the look out for same. winter is almost here and i'm getting a draft from the pit. Thanks, nodrog.

Trailer Life

First, let me thank you for the Catalog. I and my friend m… cat are exiled to a carnival in Michigan and your catalog is … bigwarm letter from the whole counter-culture. My reason… writing is to share with you something of our life style tha… help others.

All the families on the show have house trailers and each w… set up our little village in a different (and sometimes a littl… place. Like fairground, behind gas stations, ball parks. For … needs a truck to pull trailer (or heavy car), lots of hoses an… cords, "Y's" (an object shaped [like a Y] used to connect… numbers of trailers to the same water hookup.), a shovel t… a hole if you don't have a self-contained bathroom.

We have a 27 foot 1957 trailer that has been our year-roun… for over a year and it's just like an apartment but better. I… a paint job so we all got stoned and did it pink, yellow, an… And I've got the outdoors all around.

It cost $900 and the only money that we had to spend wa… travel, i.e. hitch $200, tires $100. The rest has gone for ru… sound systems, posters orange light bulbs and lots of conta… its a home and its beautiful. The new trailers are more exp… ($3,000 & up for one our size) and very sterile.

I don't know about California but the Mid West is full of o… & so is Florida. The old folks in the retirement parks trade… times. The only drawback is our neighbors. Carnival people… culture but not ours. Trailer parks are full of nice middle c… But if a group of friendly freaks decided to get back to nat… I think a trailer is easier for the city folks than building a …

Susan Sullivan
Flushing, N.Y.

90 Stained Glass
Shelter

Items related to dome-making/ Elementen om koepels te maken in *The Last Whole Earth Catalog*, 1972

Cookbook

rt form is evolving in the southwest
Multi-colored cartop domes, put
- with whatever's lying around. Free
m the sun. Behind much of
ng stands Steve Baer, a young inventor
nerates enough energy to get others
too.

oloid contains the crystallographic
nd junky ... practice behind Baer's
from how to distort a polyhedron
ffecting connector angles to how to
p out of a car without losing
From all we can determine, Baer's
unique in architecture. So is his
instead of dying of dissertation dry
notions stand around in the world
the citizens.

me Cookbook, now in its third
, is published by Lama Foundation,
rimental community in New Mexico.

—SB

Cookbook
er
pp.

okbook Fund
422
N.M. 87048

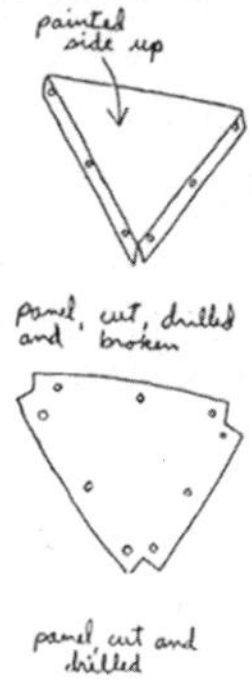

When you are putting up a dome panel by panel you often have to use poles to support the wobbly sides as they close in toward the center. When we were putting up the second to last panel in the shop dome we had three poles in strategic spots to hold the wobbly overhanging panels from collapsing. The poles were nailed at the top so they wouldn't fall away if during a moment's strain the load were lifted up and off of them. The panel was an 8' by 19' and extremely heavy. We put it up with an inadequate crew, two men and two women. We struggled for an entire afternoon the last few inches Albert Mahler pushed from on top of a spool resting on top of the cab of his pickup which we had driven into the dome. It was touch and go, a clamp might slip, Albert might collapse, the poles might buckle. Each one of many failures seemed equally as probable as getting the monster joined to the neighboring panels. A huge shove, some quick work with the crow bar and clamps—Albert eased off and it still held, I took a few more turns on one clamp and added another one—it was a sure thing, we had it in place!

I felt as if the panel had been lifted into place by some incredible wave we had created that now washed back as we put down tools and Albert got down off the cab. But there was one last thing to check—the poles, were they dangerously bowed under this new load. The entire sensation in my head began for a moment to turn inside out when Holly yelled "look at them" but then I saw what it was—the dome was finding its shape, it had lifted all three heavy poles off the floor, they were hanging from where they had been toe nailed at their tops, swaying slowly. Three important pillars transformed in one moment into three dangling slow swinging pendulums.

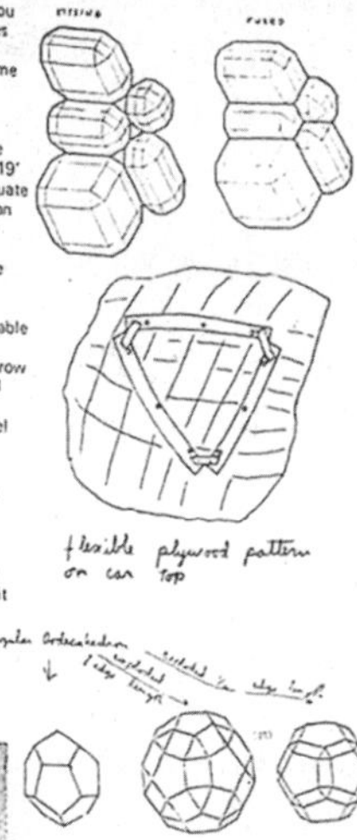

Solar-heated-rhombic-dodecahedron
for Steve Baer

a man
is blessed
who assists
in the building
of a solar-heated-
rhombic-dodecahedron.

I don't mean
to say technology
itself is holy
(though that too
may be
an element)

I mean
heat rises.
Rocks preserve heat.
Assymmetrical dwellings
can stand by themselves
if properly
arranged.

No.
I mean the shovel
in my hands.
I mean
the cottonwoods
by the river.

I mean the dark
scent of dust
nudged up
by a few
new drops
of rain.

Dammit!
What I mean is the cloudburst!
(Which drenches us
and makes us huddle together
in the cold
pickup our
only shelter.)

Sydney Goldfarb
Speech, for Instance
Noonday Press, 1969

Primer

yond Dome Cookbook, *Baer's investigation of uses of five-fold symmetry leads toward a kind rsal truss, infinitely flexible in shape and dimension, te and handy in connecting hardware. The book is l. With it and one of Baer's models you can take rprising trips through the labyrinth of structure st often enough you meet yourself coming back, y.*

—SB

rimer
er
pp.

postpaid

rks Corp.
712
rque, New Mexico 87103
LE EARTH CATALOG

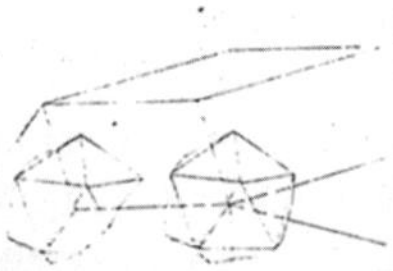

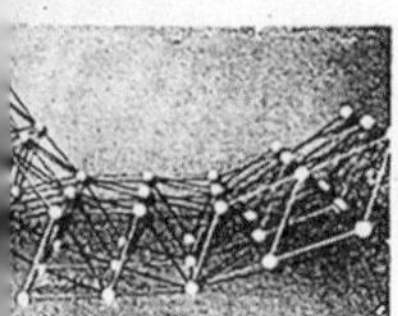

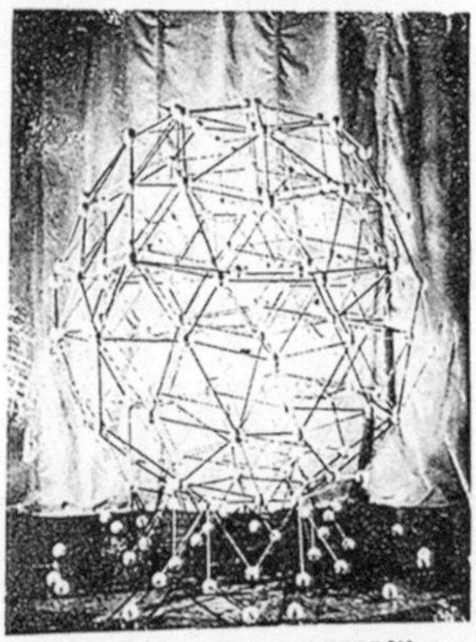

RHOMBIC ENNEACONTAHEDRON

The geodesic dome, if it is large and composed of many different edges and joints, has many different edge lengths. It is complicated in structure and simple in shape. Zomes are simple in structure and complicated in shape.

FAMILY REUNION

When Estelle saw the girl go up to the family at the picnic table she figured something weird was going on. And when the girl got in the car and drove away with them Estelle decided she'd better go back to the rest area and find out what was wrong.

D.R. was sitting on the picnic table, gurgling and groaning with his eyes closed. The Greek was peering into D.R.'s open mouth like a dentist, trying to see why he couldn't say "OM". Estelle came up behind the Greek and watched him operate for a minute or two. Then she walked around so he could see her and ask him if he had seen Frieda leave.

"Just a minute," said the Greek. He probed D.R.'s throat with his finger till he gagged. "Now try it," said the Greek. "Just sort of hum it, go 'OMMMMMMMMMMMMM.'" As D.R. swallowed and warmed up for the try the Greek looked up at Estelle and said "Yeah, I saw her. Looks like she's headed west again."

"But didn't she say anything?" asked Estelle. Do you know why she left?"

The Greek shrugged. "Everybody splits sooner or later," he said. "This was just her time, I guess."

"Awwww," D.R. intoned. "Awwwwrrr."

"Mellow," said the Greek, stroking D.R.'s throat. "Make it mellow. It's a prayer, not some sort of challenge."

The Greek turned toward D.R. again, but Estelle leaned and stayed in front of him. "But how do you feel about her going," she said. "Don't you care? I mean, doesn't it make any difference . . ."

"I'm very happy for her is all," said the Greek. "It was time she went. I'm pleased she was clear enough to recognize it."

"She didn't seem very clear to me."

"And what is that supposed to mean?" asked the Greek.

"Nothing. I just feel a little more concerned than you seem to. She seemed very fragile to me."

The Greek laughed. "I'm sure she did."

"And what is that supposed to mean?"

"Well, it's obvious, isn't it? You see Frieda as this helpless little creature who couldn't possibly get along on her own. And I'm sure you think you might have been able to do something for her if she'd stayed around."

"That's bullshit."

"Of course it is. It's all bullshit."

"No it's not," said Estelle. "It's not all bullshit."

"And I would agree with that, too. It's not all bullshit."

"Jesus," said Estelle. "You are really full of shit, did you know that?"

The Greek smiled. His white teeth were as big as thumbnails. His blonde hair glinted in the sun. "Of course I know it. Do you realize that you are full of bullshit too?"

"Yap yap yap," said Estelle. "That's all you do."

"Awwwrrr," D.R. gurgled. "Awwwrrrr."

"Mellow," the Greek said to D.R. "Make it mellow. Make it mellow. Make it a prayer."

But "awwwwrrrrr" was the best D.R. could do.

"Poor old D.R. Do you realize he can't make a single vowel sound?"

"I've seen him in worse shape," said Estelle.

"You really are a bitch, aren't you?" said the Greek.

"You're a son of a bitch," Estelle hissed. "A goddamn phoney superguru son of a bitch."

"Right on," laughed the Greek. "God, is that ever right on. You're a bitch, and I'm a son of a bitch. Hello, Mother. Welcome to the family reunion."

in Space

ook by an experimental mathematician on order in *". . . space defining, distribution patterns, space roperties, packing & stacking, economy grids and nication linkages."*

re exciting insights into structure in nature, and tory diagrams of the functions possible in space.

—*Lloyd Kahn*

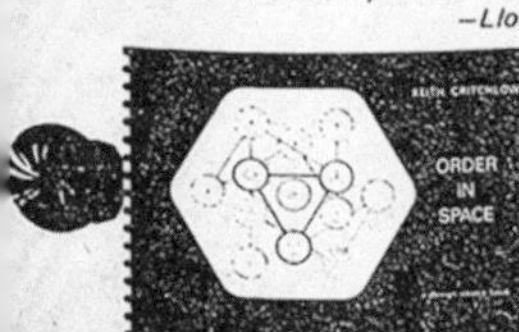

rder in Space
eith Critchlow
969; 120 pp.

3.95 postpaid

from:
The Viking Press
625 Madison Avenue
New York, N. Y. 10022

or WHOLE EARTH CATALOG

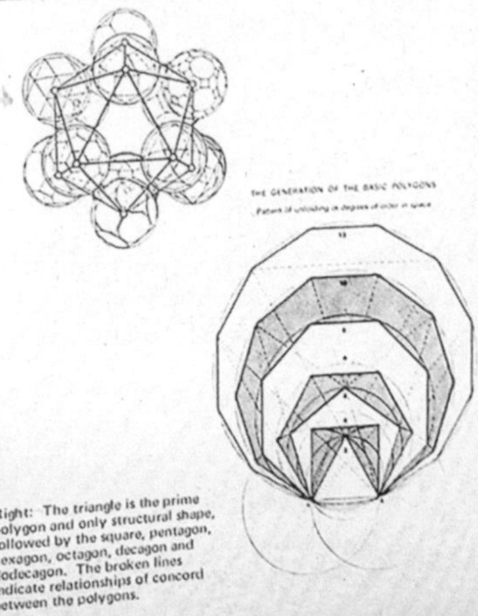

Right: The triangle is the prime polygon and only structural shape, followed by the square, pentagon, hexagon, octagon, decagon and dodecagon. The broken lines indicate relationships of concord between the polygons.

economische recessie en een grieppandemie, zelf in was geslaagd zijn eigen kleine boerderij te bouwen.[10] In het hoofdstuk *Shelter zette* Borsodi uiteen hoe hij als timmerman, loodgieter en elektricien had geoefend, totdat hij in staat was een aanvankelijke hut stap voor stap om te bouwen tot een voorbeeldige *homestead*. Eerst bouwde hij een kippenhok, om uit te zoeken wat hij al kon. Vervolgens begon hij handboeken te lezen, zoals Ernest Flagg's *Small Houses* (1922), waaruit hij een arbeidsbesparende manier leerde om stenen muren te bouwen. Uiteindelijk verhief Borsodi het idee van het bouwen van een onderkomen tot een leerproces en een manier om intellectueel en lichamelijk voordeel te behalen.[11]

Een andere belangrijke schrijver van de publicaties die de School of Living uitgaf, was de in Californië gevestigde ontwerper-bouwer Ken Kern, die zich baseerde op Borsodi's decentralistische theorie. Kern experimenteerde met ontwerp- en bouwprocedures op zijn eigen 20 ha grote *homestead* in de buurt van Oakhurst en illustreerde deze later in zijn Hoe-pak-ik-het-aan boeken.[12] Kern wilde zelfbouwers alle kennis verschaffen die ze nodig hadden om hun huis zelf te bouwen en in de loop der tijd aan te passen. Hij toonde ze de voordelen van het bouwen en wonen in ruimten die met beperkte middelen op maat waren gemaakt, wat geen enkele aannemer van massawoningen zich kon veroorloven, zoals het 'uitbreidbare huis' dat zich ontwikkelt van een initiële *mobile home* tot een echte *homestead*.[13]

Na het verkoopsucces van zijn Hoe-pak-ik-het-aan boek *The Owner-Built Home*, in 1961, zette Kern zijn eigen uitgeverij op, die hij de voor zichzelf sprekende naam *Owner-Builder Publications* gaf. De sleutel tot het succes van zulke publicaties was het uitgebreide gebruik van handgetekende illustraties, compleet met toelichtingen die begrijpelijk waren voor een lekenpubliek. De inhoud en communicatieve methode van Kern waren zo relevant dat Lloyd Kahn — de redacteur van de *Shelter*-sectie in de *Last Whole Earth Catalog* (1972) — Kern's *The Owner-Built Home* recenseerde als 'het nuttigste boek over bouwen dat er te krijgen is'.[14]

De publicaties van Kern liepen vooruit op de verschijning van de *Whole Earth Catalog*, waar informatie te vinden was over de aankoop van boeken die waren uitgegeven door onafhankelijke uitgeverijen die zich bezighielden met alternatieve technologieën, doe-het-zelven en ecologische kwesties. De maker en redacteur van de *Whole Earth Catalog*, Stewart Brand, hield net als Borsodi en Kern, 'vast aan een fundamenteel optimisme en geloof in het vermogen van mensen om grote problemen op te lossen'.[15] Hij beschouwde zijn catalogus als een hulpmiddel voor de ontwikkeling van een alternatieve, op zelfredzaamheid gebaseerde samenleving en slaagde uiteindelijk in zijn opzet. Zoals Andrew Kirk stelde:

> Optimisme was een van de aspecten die *Whole Earth* tot een succes maakten (...) de boodschap die de meeste lezers van de *Whole Earth Catalog* meekregen, was er een van ongebreideld technologisch optimisme: het idee dat innovatie en uitvinding met een geweten zelfs de ergste sociale kwesties en milieuproblemen konden overwinnen.[16]

De catalogussectie *Shelter* was doordrenkt met een dergelijk technologisch optimisme. Samen met gevierde pionierspublicaties als Henry David Thoreau's *Walden Pond Cabin* en John Burroughs's *Slabsides Cabin* promootte deze rubriek het initiatief van zelfgebouwde onderkomens die neigden naar een nogal wankele esthetiek, of liever gezegd naar de 'funk-architectuur' van de hippiecommunes van Drop City en Libre.[17] In deze sectie werden ook experimentele boeken besproken die lezers moesten aanzetten tot bouwen, zoals Steve Baer's *Dome-Cookbooks* (1968) en het

10
Borsodi, *Flight from the City*, op. cit. (noot 6), 61–71.

11
Ibid., 65.

12
Mildred J. Loomis, *Alternative Americas* (New York: Universe Books, 1982), 116.

13
Ken Kern, *The Owner-Built Home* (Oakhurst: Owner builder publications, 1961), 104.

14
Stewart Brand (red.), *The Last Whole Earth Catalog: Access to Tools* (Bladensburg, MD: Craftsman, 1972), 94.

15
Andrew G. Kirk, *Counterculture Green: The Whole Earth Catalog and American Environmentalism* (Lawrence: University Press of Kansas, 2007), 34.

16
Ibid., 167, 55.

17
Henry David Thoreau, *Walden, or, Life in the Woods* (Mineola, NY: Dover Publications, 2002 [1854]), 104–127; Elizabeth Burroughs Kelley, *John Burroughs' Slabsides* (Fredericksburg, VA: Riverby Books, 1987); Bill Voyd, 'Funk Architecture', in: Paul Oliver, *Shelter and Society* (Londen: Barrie & Rockliff the Cresset, 1969), 156–164.

technological and experimental aspects of the *Shelter* section ended up connoting it as a pure hippie phenomenon. As such, it came to a halt when the hippie culture faced a decline in the mid-1970s.[19] Steward Brand also realised that the unrealistic optimism of the initial revolutionary and techno-utopian thinking had been followed by the disappointment of a 'bust'. 'People who organise their behaviour around the apocalypse,' argued Brand, 'are going to have a tough time knowing who they are when the apocalypse fails to show.'[20] Similarly, the accelerated collapse of communes, and the fast degradation of their domes, led Lloyd Kahn to acknowledge the techno-utopian failure. Kahn's post-1973 publications thus dispensed with domes and reverted to the idea of owner-built self-sufficient homesteads such as his own home in Bolinas.[21]

By the mid-1970s it was also clear that the failure of many self-construction experiments had been due to demolition orders issued by authorities in compliance with the US Building Code. In 1976, together with Ted Kogan and Rob Thallon, Kern published a book entitled *The Code* that summarised his career-long concern about the way 'general building contractors and city hall building departments mutually benefit from a tacit agreement to manipulate bureaucratic pressure, to increase profits, and to preserve the status quo'.[22] Dramatically, Kern's cultural struggle ended in 1986, when he was struck by the collapse of a self-made earthen roof. At the age of 59, Kern departed from planet Earth looking for another shelter in paradise. That same year, the last representative of Borsodi's School of Living (Mildred J. Loomis) also died, and Borsodi's decentralist legacy of 'how-to' books was forgotten shortly thereafter.

However, today's impending ecological and economic crisis has sown the seeds for a resurgence of their realistic-optimistic 'I can do it' attitude. The optimism unleashed by some of these books is still present in the work of authors that cope with difficulties autonomously by means of cheap and low-tech tools. One example is Kris De Decker's attempt to 'underscore the potential of past and often forgotten technologies and how they can inform sustainable energy practices' with his nearly 15-year-old ongoing *Low-Tech Magazine.*[23] De Decker claims that 'interesting possibilities arise when you combine old technology with new knowledge and new materials, or when you apply old concepts and traditional knowledge to modern technology'. Leafing through the *Low-Tech Magazine* one finds 'how-to' instructions related to a broad domain of issues with reference to historical sources that still prove viable nowadays.[24]

To conclude, 'how-to' publications portray two features. First, they intend to convey technical skills through 'mechanical' instructions. Second, they convey ethical values (they aim to express the 'good' and the 'bad') intended as foundational values of small self-reliant communities.[25] These two features emerge well in Borsodi's and Kern's writings on the shelter. On the one hand, they provide answers to the problem of how to build a structure in which to live and produce independently. On the other, they understand the shelter as a symbol of small, decentralised communities, independent of the supply chain and state regulations. Similarly, Brand's *Whole Earth Catalog* responds both to the problem of building temporary structures and symbolising hippie communes (as temporary and nomadic happenings).

Therefore, although in different ways, all three authors (Borsodi, Kern and Brand) are realistic optimists. They feel responsible for facing problems head-on and with the conviction of being on the 'good' side. Indeed, as Brand once said: 'We are as gods and might as well get good at it.'[26]

19
According to Damon Randolph Bach, the decline began as early as 1973. See: Damon R. Bach, *The American Counterculture: A History of Hippies and Cultural Dissidents* (Lawrence: University Press of Kansas, 2020), 223.

20
Stewart Brand, *World Game Discussion*. Source: Whole Earth Catalog Records, Department of Special Collections, Stanford University Libraries, M1045, box 7: 6–7.

21
Lloyd Kahn and Lesley Creed, *The Half-Acre Homestead: 46 Years of Building & Gardening* (Bolinas, CA: Shelter Publications, 2020).

22
Ken Kern, Rob Thallon and Ted Kogon, *The Owner-Builder and the Code* (Oakhurst: Owner builder publications, 1976); Kern, *The Owner-Built Home*, op. cit. (note 13), 352.

23
Low-Tech Magazine website, lowtechmagazine.com/about.html, accessed 10 August 2022.

24
'How to Get Your Apartment Off the Grid', 'How to Build a Low-tech Solar Panel?' and 'How to Make Biomass Energy Sustainable Again' are three (randomly chosen) articles of the magazine.

25
See, for example: Helen and Scott Nearing, *Living the Good Life: How to Live Simply and Sanely in a Troubled World* (New York; Social Science Institute, 1954).

26
Stewart Brand (ed.), *Whole Earth Catalog* (Menlo Park: Portola Institute, 1968).

Inflatocookbook van Ant Farm (1971). Dit waren niet zozeer handleidingen voor architecten of ingenieurs, maar eerder letterlijk kookboeken voor de bouw: er stonden ingrediënten en bouwtijden in en 'recepten' om koepels en opblaasbare architectuur te maken. En zaken die men niet zelf kon maken aan de hand van de instructieboeken, kon men direct bestellen bij leveranciers (zoals tenten of spandraden).

De sleutel tot het redactionele succes van de *Whole Earth Catalog* was de dreigende oliecrisis van 1973, die de Amerikanen herinnerde aan de crisis van de jaren 1930 en hen aanmoedigde zich voor te bereiden, zodat ze de crisis op eigen houtje zouden kunnen doorstaan.[18] Vanaf 1974 bevatte de catalogus een nieuwe, door Jim Baldwin geredigeerde sectie genaamd *Soft-Technologies*, waarin zelfgemaakte apparaten voor de productie van duurzame energie werden aangeprezen. Tegelijkertijd werd de sectie *Shelter* steeds kleiner, tot deze in de *Next Whole Earth Catalog* van 1980 volledig verdwenen was. De al te technische en experimentele aspecten van de *Shelter*-sectie deden de mensen uiteindelijk alleen nog maar aan hippies denken. Als zodanig raakten ze uit zicht toen de hippiecultuur in het midden van de jaren 1970 in verval raakte.[19] Steward Brand realiseerde zich ook dat het onrealistische optimisme van het aanvankelijke revolutionaire en techno-utopische denken was opgevolgd door een teleurstellende ondergang. 'Mensen die hun gedrag organiseren rond de Apocalyps,' zo betoogde Brand, 'krijgen te kampen met een identiteitscrisis als de Apocalyps uitblijft.'[20] Ook de versnelde ineenstorting van de communes en het rappe verval van hun koepels brachten Lloyd Kahn ertoe het techno-utopische falen te erkennen. Kahn's publicaties van na 1973 deden het dus zonder koepels en keerden terug naar het idee van, door de eigenaar gebouwde, zelfvoorzienende *homesteads*, zoals Kahn's eigen huis in Bolinas.[21]

Tegen het midden van de jaren 1970 was ook duidelijk dat de mislukking van veel zelfbouwexperimenten te wijten was aan sloopbevelen die de autoriteiten hadden uitgevaardigd in overeenstemming met de Amerikaanse Building Code. In 1976 publiceerde Kern, samen met Ted Kogan en Rob Thallon, een boek getiteld *The Code* waarin hij zijn loopbaanlange bezorgdheid samenvatte over de manier waarop 'grote aannemers en lokale bouwadministraties wederzijds profiteren van een stilzwijgend onderling akkoord om de bureaucratische druk op te voeren, de winst te vergroten en de status quo te handhaven'.[22] Aan Kern's culturele strijd kwam een dramatisch einde in 1986, toen hij werd bedolven onder een instortend, door hemzelf vervaardigd aarden dak. Op 59-jarige leeftijd verliet Kern de planeet Aarde, op zoek naar een ander onderkomen in het paradijs. Datzelfde jaar stierf ook de laatste vertegenwoordiger van Borsodi's School of Living (Mildred J. Loomis) en kort daarna raakte Borsodi's nalatenschap aan decentralistische Hoe-pak-ik-het-aan boeken in de vergetelheid.

De vandaag de dag dreigende ecologische en economische crisis heeft echter de kiem gelegd voor een heropleving van hun realistisch-optimistische 'ik-kan-het'-houding. Het optimisme dat sommige van deze boeken hebben losgemaakt, is nog steeds aanwezig in het werk van auteurs die uitdagingen autonoom het hoofd bieden door middel van goedkope low tech oplossingen en instrumenten. Een voorbeeld is de poging van Kris De Decker om in zijn bijna 15 jaar bestaande *Low-Tech Magazine* 'te onderstrepen wat het potentieel is van vroegere en vaak vergeten technieken en de manier waarop deze kunnen bijdragen aan duurzame energiepraktijken'.[23] De Decker beweert dat er 'interessante mogelijkheden ontstaan, wanneer je oude technieken combineert met nieuwe kennis en nieuwe materialen, of wanneer je oude concepten en traditionele kennis toepast op moderne technieken'. Bladerend door *Low-Tech Magazine*

18
Giovanna Borasi en Mirko Zardini (red.), *Sorry, Out of Gas: Architecture's Response to the 1973 Oil Crisis* (Montréal: Canadian Centre for Architecture, 2007).

19
Volgens Damon Randolph Bach begon de achteruitgang al in 1973. Zie: Damon R. Bach, *The American Counterculture: A History of Hippies and Cultural Dissidents* (Lawrence: University Press of Kansas, 2020), 223.

20
Stewart Brand, *World Game discussion*. Bron: Whole Earth Catalog Records, Department of Special Collections, Stanford University Libraries, M1045, box 7: 6-7.

21
Lloyd Kahn en Lesley Creed, *The Half-Acre Homestead: 46 Years of Building & Gardening* (Bolinas, CA: Shelter Publications, 2020).

22
Ken Kern, Rob Thallon en Ted Kogon, *The Owner-Builder and the Code* (Oakhurst: Owner builder publications, 1976); Kern, *The Owner-Built Home*, op. cit. (noot 13), 352.

23
Low-Tech Magazine website, lowtechmagazine.com/about.html, laatst bezocht 10 augustus 2022.

The Libre Commune from the early 1970s/ De Libre commune uit de vroege jaren 1970. From/ uit: Lloyd Kahn, *Shelter*, 1973

vindt men Hoe-pak-ik-het-aan instructies over een breed domein van onderwerpen, inclusief verwijzingen naar historische bronnen die ook nu nog bruikbaar blijken te zijn.[24]

Tot slot vertonen Hoe-pak-ik-het-aan boeken twee kenmerken. Ten eerste zijn ze bedoeld om technische vaardigheden over te brengen door middel van 'mechanische' instructies. Ten tweede dragen ze ethische waarden uit (ze beogen het 'goede' en het 'slechte' te identificeren), met de bedoeling kleine zelfredzame gemeenschappen van basiswaarden te voorzien.[25] Deze twee kenmerken komen duidelijk naar voren in Borsodi's en Kern's geschriften over onderkomens. Enerzijds geven zij antwoord op de vraag hoe men een structuur kan bouwen waarin men zelfstandig kan leven en produceren. Anderzijds vatten zij het onderkomen op als een symbool van kleine, gedecentraliseerde gemeenschappen die onafhankelijk zijn van bevoorradingsketens en overheidsvoorschriften. Op dezelfde manier speelt Brand's *Whole Earth Catalog* zowel in op het probleem van het bouwen van tijdelijke structuren als op het symboliseren van hippiecommunes (als tijdelijke en nomadische gebeurtenissen).

Daarom zijn deze auteurs (Borsodi, Kern en Brand) — weliswaar op verschillende manieren — alle drie realistische optimisten. Zij voelen zich verantwoordelijk voor een frontale confrontatie met de problemen en zijn ervan overtuigd, aan de 'goede' kant te staan. Zoals Brand immers eens zei: 'We zijn als goden en daarom kunnen we daar maar beter goed in worden.'[26]

Vertaling: InOtherWords, Maria van Tol

24
'How to Get Your Apartment Off the Grid', 'How to Build a Low-tech Solar Panel?' en 'How to Make Biomass Energy Sustainable Again' zijn drie (willekeurig gekozen) voorbeelden van de artikelen in dit tijdschrift.

25
Zie bijvoorbeeld: Helen en Scott Nearing, *Living the Good Life: How to Live Simply and Sanely in a Troubled World* (New York: Social Science Institute, 1954).

26
Stewart Brand (red.), *Whole Earth Catalog* (Menlo Park: Portola Institute, 1968).

Romain Barth

A Diorama of Collective Optimism

Pearse-Connolly Hall from the outside/ van buiten gezien
Drawing lesson during educational activities/ Tekenles tijdens de educatieve programmering

Romain Barth

Een diorama van collectief optimisme

Ken Loach's film *Jimmy's Hall* uit 2014 gaat over een zaal op het platteland van het Ierse graafschap Leitrim, die tussen 1932 en 1933 door een collectief werd geëxploiteerd. De film, die losjes is geïnspireerd op ware gebeurtenissen, volgt een deel van het leven van Jimmy Gralton (1886–1945), een Ier van boerenkomaf en een communistisch activist. In het dorp Effernagh, dat bestaat uit een aantal huizen die verspreid over een heuvelachtig en gecultiveerd gebied liggen, organiseren de boeren zich in een collectief rondom Jimmy Gralton. Ze willen een zaal — de Pearse-Connolly Hall — bouwen, een plek waar mensen elkaar in hun vrije tijd kunnen ontmoeten.[1] In een land dat verdeeld wordt door burgeroorlog en last heeft van sterke maatschappelijke druk, verbeeldt Ken Loach de bouw van de Pearse-Connolly Hall als een noodzakelijk iets om een bloeiende gemeenschap te stichten. Elke leeftijdsgroep heeft zijn eigen specifieke activiteiten nodig om zich volledig te kunnen ontplooien. De jeugd wil zich vermaken en leren dansen — activiteiten die oorspronkelijk door de katholieke kerk werden gecontroleerd. De boeren willen zich sociaal ontwikkelen en zich verenigen tegen de onrechtmatige onteigeningen door landeigenaren. In de film worden de eerste stappen van het collectief — in reactie op een gemeenschapsleven dat voornamelijk door katholieke en kapitalistische instellingen wordt bepaald — gezet in de betreffende zaal: een lege en elementaire ruimte die niet vooraf gedefinieerd wordt door specifieke gebruiken of rituelen. In de zaal vinden activiteiten plaats die met elkaar georganiseerd moeten worden; het wordt een plek waar nieuwe sociale praktijken worden geïnstitutionaliseerd. De zaal verandert in een versoberde versie van de gewenste gemeenschap en er ontstaat niet alleen een collectief optimisme over een nieuwe toekomst, maar ook een politiek conflict met de bestaande instituties.

In de film bestaat de door het collectief gebouwde Pearse-Connolly Hall uit één enkele ruimte, begrensd door vier buitenmuren en met een zadeldak.[2] Er is een platform met een parketvloer, en de ruimte heeft de volledige hoogte tot het dak. De typologie van de zaal is een combinatie van toneel-lege ruimte-omtrek. De zaal dwingt niet dat ene specifieke programma af; er kan van alles in gebeuren. De vorm is geen afgeleide van gevestigde rituelen die de gemeenschap tot bepaalde maatschappelijke praktijken zouden kunnen nopen. Het onbepaalde karakter van de zaal illustreert de poging om onder de druk uit te komen van een gemeenschapsleven dat door bestaande instellingen wordt gedicteerd. De lege en generieke zaal laat het aan het collectief over om de eerste stap te zetten en haar te vullen.

Alle activiteiten vinden naast elkaar en door elkaar plaats in dezelfde ruimte, waar zich drie belangrijke categorieën van activiteiten voordoen die de fundamenten van het collectieve leven en daarmee specifieke zaalindelingen aansturen. Ten eerste vinden er alledaagse recreatieve en educatieve activiteiten plaats. Daardoor verandert de zaal bijvoorbeeld tijdens de lessen Gaelic in een klaslokaal en het toneel tijdens de bokstraining in een boksring. Ten tweede vinden er activiteiten plaats die uit het dagelijkse leven voortkomen en door de gemeenschap als symbolische momenten worden opgevat. Voor het populaire dansen — dat door de katholieke kerk als subversief werd beschouwd — verandert het platform in een dansvloer waarop de mensen zich kunnen uitleven, en lachen en ontspannen.

1
De Pearse-Connolly Hall was de opvolger van een in onbruik geraakt gemeenschapshuis van de katholieke kerk. De Pearse-Connolly Hall werd in 1921 gebouwd op het terrein van Jimmy Gralton. De programmering ervan stopte bij het uitbreken van de Ierse onafhankelijkheidsoorlog en werd weer opgestart in 1932. Zie voor meer informatie het persdossier van *Jimmy's Hall*.

2
Volgens het persdossier zijn er geen foto's of plannen van de oorspronkelijke Pearse-Connolly Hall. Het team van Ken Loach heeft de zaal echter gereconstrueerd op basis van ooggetuigenverslagen. De zaal werd volledig herbouwd in County Leitrim; de film werd niet in een studio opgenomen.

The film *Jimmy's Hall* by Ken Loach, released in 2014, focuses on a hall run by a collective in the countryside of County Leitrim in Ireland between 1932 and 1933. Freely inspired by real events, the film retraces part of the life of Jimmy Gralton (1886–1945), an Irishman of peasant origin and a communist activist. In the village of Effernagh, where the houses are spread out over a hilly and cultivated area, the farmers organise themselves collectively around Jimmy Gralton to build the Pearse-Connolly Hall, a place where people can meet in their free time.[1] In a country divided by civil war, Ken Loach depicts the construction of the Pearse-Connolly Hall as a necessity for a thriving community living in an oppressive context. Each age group needs its own differentiation to develop fully. The youth wants to have fun and learn to dance – activities originally governed by the Catholic Church. The peasants want to develop their social interactions and to unite in the face of the illegitimate expropriations directed by the landowners. Thus, in reaction to a community life structured mainly by Catholic and capitalist institutions, the film assumes that the first steps of the collective are reflected in this hall: an empty and elementary space not defined by predetermined uses or rituals. The hall hosts many activities requiring collective organisation and becomes the place where new social practices are institutionalised. The hall turns into a reduced setting for a desired community life, creating a collective optimism for a different future but also a political conflict with existing institutions.

Built by the collective, the Pearse-Connolly Hall consists of a single room bounded by four exterior walls and a double-pitched roof.[2] A single platform is covered by a parquet floor and the height extends to the roof structure. As an elementary

1
The Pearse-Connolly Hall is the follow-up to a disused Catholic Church community house. The Pearse-Connolly Hall was built on the property of Jimmy Gralton in 1921. Its organisation stopped at the outbreak of the Irish Independence Civil War and reopened in 1932. For more information, see the *Jimmy's Hall* press dossier.

2
According to the press dossier, there are no photographs or plans of the original Pearse-Connolly Hall. However, Ken Loach's team reconstructed the hall based on eyewitness accounts. The hall was rebuilt entirely in County Leitrim and was not shot in a studio.

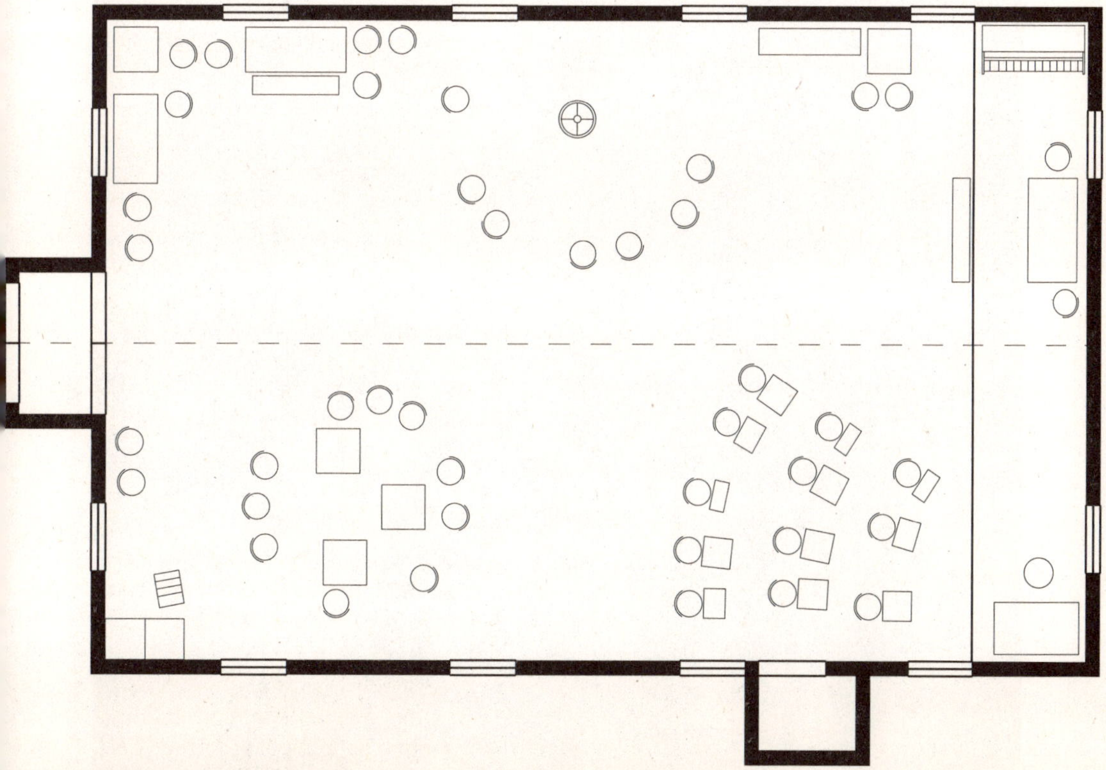

Reconstitution of the Pearse-Connolly Hall according to the movie *Jimmy's Hall*/
Reconstructie van de Pearse-Connolly Hall volgens de film *Jimmy's Hall*, Effernagh, Ireland/ Ierland

Festive moment when the community comes together/ Feestelijk moment tijdens een gemeeschappelijke bijeenkomst

and generic space, the typology of the hall emerges from the combination of a platform, a void and a perimeter. Consequently, the hall is not specific to any programme and allows for any activities to take place in it. In addition, this space does not constrain any usage and therefore its form does not derive from established rituals that would conform the community to defined social practices. As an escape from the community life determined by existing institutions, the non-specificity of the hall makes explicit the attempt of a collective to set up its own uses. Empty and generic, the hall leaves the first step to the collective to fill it.

All the activities involved in a collective structure occur and coexist in the same unit of space. Three main categories of activities punctuate the life of this hall; they define the foundations of this collective life while generating specific arrangements in the hall. First, there are the leisure and educational activities that take place during everyday life. As a result, the hall transforms into a classroom during Gaelic lessons or the platform turns into a ring for boxing training. Secondly, activities come out of everyday life and appear as symbolic moments for the community. The popular balls – considered subversive by the Catholic Church – transform the platform into a dance floor where people let off steam, laugh and relax. Finally, during extraordinary moments, the hall turns into a small assembly when the peasants gather to unite against the dominant political forces. To handle all these activities, an organisation specific to the collective is set up: it generates its own rules and agenda while developing new habits in the community.

The hall is the place where this collective fact takes place: new norms emerge, a collective structure is defined and new behaviours can become grounded in the community. This generic space becomes unique to the collective, symbolising the transition from a group of people to a community in the making. Similarly to a diorama, the hall becomes a 'world' in reduced size. If the hall provides the setting of a collective life in a single place, it also condenses into a 'world' the expectations of a collective for a wider community life institutionalised in a different way. In the vision of a different future, a collective optimism develops and therefore confronts the existing Catholic and capitalist institutions. In a conservative reaction and after several attempts to undermine the activities, the hall was burnt down in 1932 by opponents. Even if the physical symbol was destroyed, this collectively constructed diorama continued to grow in the minds of everyone.

Thirty years after the Pearse-Connolly Hall experience, a French state institution tried to spread the concept of the hall and its practices across the entire country. From 1960 to 1980, in France the associations Maisons des Jeunes et de la Culture (MJC) as well as the state programme for the construction of multi-purpose facilities 'Mille-Club' contributed to the provision of more than 1,000 halls in cities, suburbs and villages.[3] Commissioned by municipalities, three main types of halls (BSM 333 D, SCAC Ed Kit and SEAL) designed with modular industrial elements were built all over France. While the halls are characterised by their recognisable architecture, they also fit discreetly into the landscape – of medium size and with a light structure, these halls are not appealing at first sight – and reflect a complex state initiative. Indeed, the aim is to signal an institutional presence while seeking a political consensus with local actors. This ambiguity is also found inside the Mille-Club halls. Indeed, these empty and generic spaces do not imply specific predetermined uses. The activities are provided by an MJC association that is mainly represented by its users. However, the municipality owns the hall and therefore controls its opening and closing. Once an MJC association with a collective optimism proposes a different kind of community life, the policy of consensus can also give way to the coercive attitude of municipalities and some MJC halls have been forced to close.

Whether in the Pearse-Connolly Hall or the Mille-Club, a collective optimism emerges from the development of a community life detached from established or conservative rituals. The hall as a generic space is an attempt to break out of these rituals by not underpinning predetermined uses. In this empty space, an organisation takes shape to structure a collective life and therefore institutionalise different social practices. If through this process it develops a more political community, the hall and its collective also make visible the coercive attitude of an institution. In his text 'Typical Plan',

3
For more information on the inner organisation of a MJC and its relationship with state institutions, see: Laurent Besse, *Les MJC: De l'été des blousons noirs à l'été des Minguettes: 1959 -1981* (Rennes: Presses Universitaires de Rennes, 2008).

Ten slotte verandert de zaal soms in een plek voor bijzondere bijeenkomsten waar de boeren samenkomen om zich te verenigen tegen de dominante politieke macht. Om al deze activiteiten te kunnen inpassen, wordt een organisatie opgezet die eigen is aan het collectief, eigen regels en agenda's opstelt en tegelijkertijd nieuwe gemeenschappelijke gewoonten ontwikkelt.

De zaal wordt de plek waar dit collectieve feit zich afspeelt: er ontstaan nieuwe normen, er wordt een collectieve structuur gedefinieerd en nieuwe levenswijzen kunnen aarden in de gemeenschap. De generieke ruimte wordt uniek voor het collectief en symboliseert de transformatie van een groep individuen tot een gemeenschap in wording. De zaal wordt, net als een diorama, een 'wereld' in het klein. Aan de ene kant staat de zaal voor het gemeenschapsleven op één plek, aan de andere kant condenseert zij tot een 'wereld' de verwachtingen van het collectief, dat er een uitgebreider en beter ingericht gemeenschapsleven in het verschiet ligt. Mét het visioen van een nieuwe toekomst stijgt er een algemeen optimisme op, dat de confrontatie aangaat met de bestaande katholieke en kapitalistische instellingen. Nadat tegenstanders verschillende pogingen hadden ondernomen om deze activiteiten te ondermijnen, werd de zaal vanuit conservatieve hoek in 1932 in brand gestoken. Maar ook al werd het fysieke symbool vernietigd, het collectief geconstrueerde diorama groeide dóór in ieders gedachten.

Dertig jaar na de gebeurtenissen in de Pearse-Connolly Hall heeft een Franse staatsinstelling geprobeerd het concept en de praktijk van een zaal voor allerlei activiteiten over het hele land te verspreiden. In Frankrijk droegen de

Multipurpose equipment/ multifunctionele voorziening 'Mille-Club', SEAL (Société d'Exploitation des Alliages Légers), **model 2nd generation**/ type tweede generatie, Ayzac-Ost, **France**/ Frankrijk

published in the book *S,M,L,XL* in 1995, Rem Koolhaas writes: 'Did the plan without qualities create men without qualities?'[4] The hall is certainly an architecture without quality by not providing any bias or clear spatial vision. However, it seems that the hall produces not indifferent men as Koolhaas suggests, but rather active men who desire and struggle for another situation. Are these last words synonymous with an optimism that transcends the collective?

4
Rem Koolhaas, 'Typical Plan', in : OMA, Rem Koolhaas and Bruce Mau, *S,M,L,XL* (New York : Monacelli Press, 1995), 334-353.

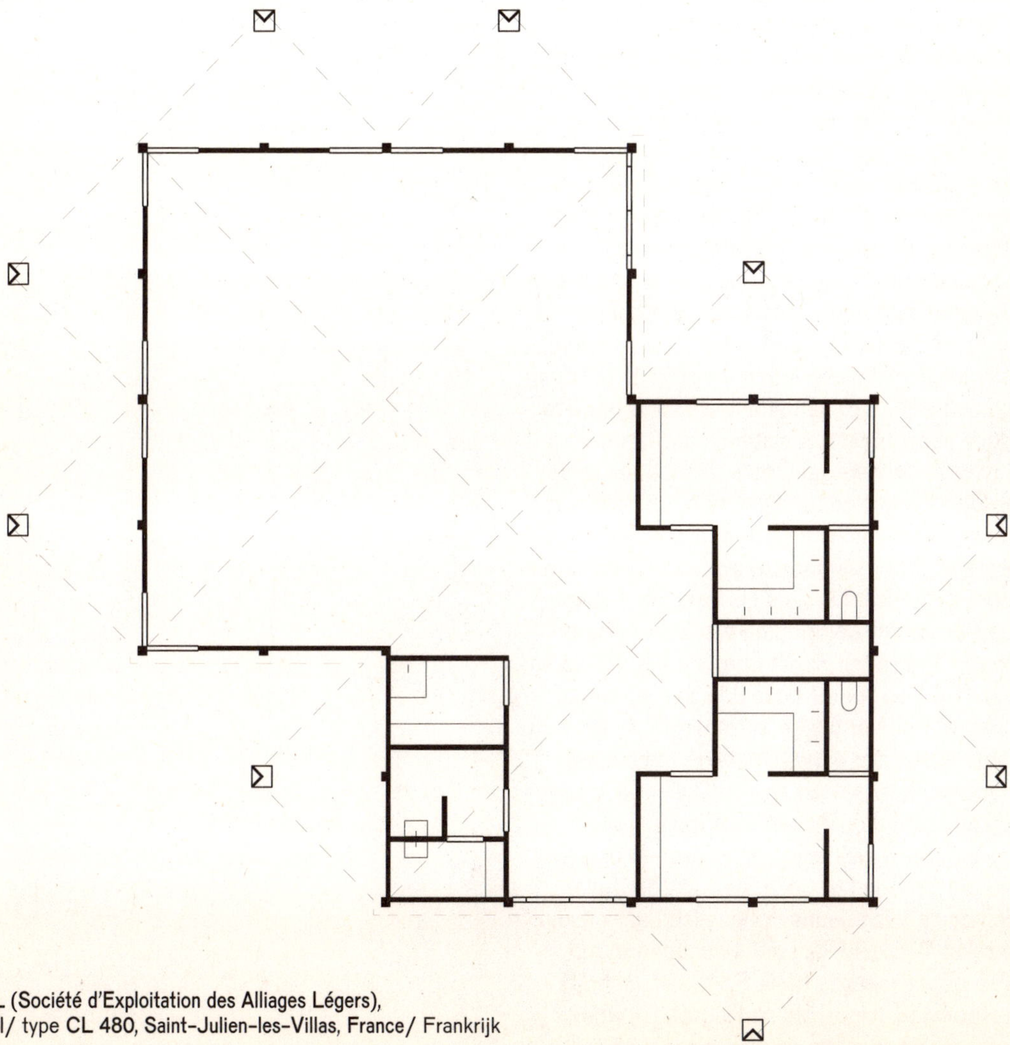

SEAL (Société d'Exploitation des Alliages Légers), model/ type CL 480, Saint-Julien-les-Villas, France/ Frankrijk

vereniging Maisons des Jeunes et de la Culture (MJC) en het staatsprogramma voor de bouw van multifunctionele voorzieningen Mille-Club van 1960 tot 1980 bij aan de bouw van meer dan 1.000 zalen in steden, voorsteden en dorpen.[3] In opdracht van verschillende gemeenten werden de drie hoofdtypen van uit modulaire industriële elementen bestaande zalen (BSM 333 D, SCAC Ed Kit en SEAL) over het Franse grondgebied verspreid. Hoewel de zalen worden gekenmerkt door hun herkenbare architectuur, passen ze ook discreet in het landschap — ze zijn van gemiddelde grootte, hebben een lichtgewicht structuur en zijn op het eerste gezicht weinig aantrekkelijk — en weerspiegelen ze een gecompliceerd overheidsinitiatief. Het is immers enerzijds de bedoeling om een signaal van institutionele aanwezigheid af te geven en anderzijds om tot een politieke consensus met plaatselijke actoren te komen. Deze dubbelzinnigheid is ook terug te vinden in de zalen van de Mille-Club. Inderdaad impliceren dergelijke lege en generieke ruimten geen specifiek vooraf bepaald gebruik; de activiteiten worden georganiseerd door MJC-verenigingen die hoofdzakelijk door de gebruikers worden vertegenwoordigd. De gemeenten zijn echter eigenaar van de zalen en controleren dus de openingstijden. Zodra een collectief-optimistische MJC-vereniging een ander soort gemeenschapsleven voorstelt, kan het consensusbeleid dan ook plaatsmaken voor een dwingende houding van gemeenten. Een aantal MJC-zalen werden daardoor geprest om te sluiten.

Zowel in de Pearse-Connolly Hall als in de Mille-Clubs komt een collectief optimisme tot stand via de ontwikkeling van een gemeenschapsleven dat losstaat van gevestigde of conservatieve rituelen. De zaal als generieke ruimte vertegenwoordigt een poging om los te komen van deze rituelen; er wordt immers niet verwacht dat deze op een vooraf bepaalde manier wordt gebruikt. In een dergelijke lege ruimte vormt zich een organisatie die een collectieve manier van leven mogelijk maakt en zo verschillende sociale praktijken institutionaliseert. Als dankzij dit proces een meer politieke gemeenschap ontstaat, kunnen de zaal en het collectief ook de dwingende houding van de instituties zichtbaar maken. In de tekst 'Typical Plan' die verscheen in het in 1995 gepubliceerde boek *S,M,L,XL* schrijft Rem Koolhaas: 'Heeft de plattegrond zonder eigenschappen mensen zonder eigenschappen geschapen?'[4] De architectuur van de zaal is, doordat er geen vooringenomenheid of duidelijke ruimtelijke visie van uitgaat, er zeker een 'zonder eigenschappen'. Het lijkt er echter op, dat een dergelijke zaal geen mensen zonder eigenschappen schept, zoals Koolhaas suggereert, maar eerder actieve mensen, die verlangen naar en vechten voor verandering. Zijn deze laatste woorden synoniem aan een optimisme dat het collectief overstijgt?

Vertaling: InOtherWords, Maria van Tol

3
Zie voor meer informatie over de interne organisatie van een MJC en haar relatie met staatsinstellingen: Laurent Besse, *Les MJC: De l'été des blousons noirs à l'été des Minguettes: 1959 -1981* (Rennes: Presses Universitaires de Rennes, 2008).

4
Rem Koolhaas, 'Typical Plan', in: OMA, Rem Koolhaas en Bruce Mau, *S,M,L,XL* (New York: Monacelli Press, 1995), 334-353.

Optimistic Praxis

Filipe Magalhães

A Song of Ice and Fire

Filipe Magalhães

Een lied van ijs en vuur

Fala started without a plan, clients or any idea of what was lying ahead. Our ambition was solely to produce architecture, to build something that was ours. Ana Luisa, Ahmed, Lera, Tita and Joana and I have been together nearly from the start. Others joined along the way. Today, nearly ten years later, we remain small, struggling to pay the bills and salaries. A relative international recognition hides many fragilities.

We never truly had an agenda (political or otherwise), and for several years our atelier's economy was one of quantity: briefs were repetitive, clients usually chose us for our lower price, architecture was not something we were asked for. For those who commissioned us, we were, and remain, service providers: makers, not thinkers. The speculative environment we found ourselves in played a role for some time, where dry Excel sheets predetermined the projects long before we were involved. To this day, commissions occur in comparable conditions, where real-estate catalogues and cable TV shows define the real expectations of our clients (even the ones we expected to care). Disciplinary and political debates are irrelevant when confronted with very beige Pinterest accounts or that one renovation a sister-in-law did last year. Topics such as 'sustainability' (whatever that is), symmetry, composition or a concept are only addressed if economically advantageous or marketable. Most of the people we work for don't know our atelier's name, some don't even know our individual names, the same way we don't know the name of the bakery nor the baker who sells us bread every morning. Someone once said that 'the secret for a happy life is low expectations'. Within fala's topology, it became a motto.

But, for reasons that we are yet to fully understand, the fight against the quixotic windmill remains necessary to us. The weapons we use are everywhere: curves that cross squares, columns that appear uninvited, vivid colours that detach doors from white walls, and strong patterns when desired. A good plan, a certain conflicting system, rules and exceptions that we can later proudly explain, represent a second language concealed inside the apparently pragmatic and cheap responses we provide to the questions asked by the clients, municipalities and contractors. It is indeed an architecture that was not asked for, but blooms anyway, due to their indifference and lack of attention. Fala took on something schizophrenic, with a certain autonomy belonging to our field and the real world drifting apart during our design proposals for separate objects: as if the two were never meant to touch or even coexist.[1]

Single-line plans, collages and wireframes constitute a universe of experimentation never truly experienced by those who ask for the projects they refer to, but fundamental to our microcosmos in the atelier, the bunker that shields us from the real world. As such, we find joy and the necessary motivation in spatial, visual and conceptual compositions, allowing us to forget our low salaries and the endless hours spent in lost (and unsolicited) battles that were never appreciated or even understood. That is our real work, the message hidden between the lines, the 'second language with many meanings' that Koji Taki wrote about and that we keep trying to find.[2] Providing a service is not what we signed up for, just a necessary means to an end, something we must do in a parallel plane to exist as authors in the other, to be able to see our work as art. Our true intentions are normally outlined openly among us but hidden from those who, unaware, end up sponsoring their construction. We have to show up disguised in every meeting, hiding behind practical and absurd justifications, afraid to be exposed.

We often find ourselves ignoring the site, the programme, the use the building will have, and the clients' wishes and expectations. Those are just excuses that allow us to do what we really want to achieve as authors: our projects as disciplinarily autonomous entities. That doesn't mean our houses are bad to live in, or that our clients are unhappy. It just means we don't care about those aspects. Even if some read our work that way, we are not on the phenomenological side of the spectrum. The intellectual aspects of our production, the beautifully choreographed fictions Shinohara referred to, are to us way more important than any practical aspect, being what we look forward to produce and expect to find, our true *raison d'être*.[3]

1
Jean Baudrillard and Jean Nouvel, *The Singular Objects of Architecture* (Minneapolis: University of Minnesota Press, 2005).

2
Tamami Iinuma (ed.), *Searching for the Language of a House: Architectural Photography of Koji Taki* (Tokyo: House of Architecture, 2020).

3
Kazuo Shinohara, 'The Autonomy of House Design', *Kenchiku* (April 1964), 64–72.

We hebben fala atelier opgezet zonder plan, zonder klanten en zonder te weten wat ons te wachten stond. Het enige dat we ambieerden was architectuur produceren, iets van onszelf bouwen. Ana Luisa, Ahmed, Lera, Tita en Joana en ik zijn al bijna vanaf het begin bij elkaar; gaandeweg zijn er anderen bijgekomen. Nu, bijna tien jaar later, zijn we nog steeds klein en kost het ons nog steeds moeite om de rekeningen en salarissen te betalen. Er valt ons een zekere mate van internationale erkenning ten deel, maar daarachter schuilt een behoorlijke hoeveelheid kwetsbaarheid.

We hebben nooit echt een (al dan niet politieke) agenda gehad en gedurende een aantal jaren was het economisch model van ons bureau gericht op kwantiteit: opdrachten herhaalden zich, opdrachtgevers kozen ons meestal vanwege onze schappelijke prijs, niemand vroeg ons om architectuur. Voor onze opdrachtgevers waren we en zijn we nog steeds dienstverleners: makers, geen denkers. De op winst beluste omgeving waarin we ons bevonden speelde enige tijd een rol, waarbij de projecten vooraf werden vastgelegd op droge Excelsheets, lang voordat wij erbij betrokken waren. Ook nu nog krijgen we zulke opdrachten: vastgoedcatalogussen en kabeltelevisieprogramma's bepalen feitelijk de verwachtingen van onze opdrachtgevers (terwijl wij juist van hen verwachtten, dat ze zich betrokken zouden tonen). Debatten over het vakgebied of de politiek zijn irrelevant, wanneer ze worden afgezet tegen nietszeggende Pinterest-accounts, of die ene renovatie die iemands schoonzus vorig jaar liet uitvoeren. Onderwerpen als 'duurzaamheid' (wat dat ook moge zijn), symmetrie, compositie of een concept komen alleen aan de orde als ze economisch voordelig of verkoopbaar zijn. De meeste van onze opdrachtgevers kennen de naam van ons atelier niet en sommigen kennen zelfs onze individuele namen niet, net zomin als wij de naam kennen van de bakkerij en van de bakker die ons elke morgen brood verkoopt. Iemand zei eens: 'Het geheim van een gelukkig leven is: lage verwachtingen.' Binnen de topologie van fala werd dit een motto.

Toch blijven wij, om redenen die we zelf nog niet helemaal begrijpen, onze Don-Quichot- achtige strijd noodzakelijk vinden. De wapens die we gebruiken zijn overal: gebogen vormen die vierkanten kruisen, kolommen die ongevraagd verschijnen, felle kleuren die deuren uit witte muren laten springen en sterke patronen waar dat wenselijk is. Een goede plattegrond, een beetje een tegenstrijdig systeem, en regels en uitzonderingen die we later vol trots kunnen uitleggen: ze vormen een tweede taal die schuilgaat achter de ogenschijnlijk pragmatische en gemakkelijke antwoorden die we geven op vragen van opdrachtgevers, gemeenten en aannemers. Ja, het is een architectuur waar niet om gevraagd is, maar het is er ook een die opbloeit dankzij hun onverschilligheid en gebrek aan aandacht. Fala kreeg iets schizofreens, waarbij een zekere tot ons vakgebied behorende autonomie én de echte wereld uit elkaar dreven tijdens onze ontwerpvoorstellen voor afzonderlijke objecten: alsof het nooit de bedoeling was, dat deze twee elkaar zouden raken of zelfs maar naast elkaar zouden bestaan.[1]

Enkellijnige plattegronden, collages en staaldraadskeletten scheppen een experimenteel universum dat, hoewel het nooit werkelijk wordt ervaren door hen die vragen om de projecten waarnaar ze verwijzen, fundamenteel is voor de microkosmos van het bureau, de bunker die ons afschermt van de echte wereld. Het is dáár dat we de vreugde en de nodige motivatie vinden, in ruimtelijke, visuele en conceptuele composities waardoor we onze lage salarissen en de eindeloze uren, besteed aan verloren (en nietopgezochte) gevechten die nooit werden gewaardeerd of zelfs maar begrepen, kunnen vergeten. Dát is ons echte werk, de tussen de regels verborgen boodschap, de 'tweede taal met vele betekenissen' waarover Koji Taki schreef en die we blijven proberen te vinden.[2] Dienstverlening is niet waar we voor getekend hebben, maar het is een noodzakelijk middel om een doel te bereiken, iets wat we in het ene parallelle vlak moeten doen om in het andere als auteurs te kunnen bestaan, om ons werk als kunst te kunnen zien. Als we onder elkaar zijn, schetsen we openlijk onze ware bedoelingen, maar ze blijven onzichtbaar voor hen die uiteindelijk (onwetend) de constructie ervan sponsoren.

1
Jean Baudrillard en Jean Nouvel, *The Singular Objects of Architecture* (Minneapolis: University of Minnesota Press, 2005).

2
Tamami Linuma (red.), *Searching for the Language of a House: Architectural Photography of Koji Taki* (Tokio: House of Architecture, 2020).

Close to the end, with the priceless support of photographic lenses and critical perspectives, properly framed and carefully edited, we document the soon to be ruin. Side by side with the eccentric drawings and process images the client never truly understood, often in an event thousands of kilometres away from the building and all the involved agents, the narrative exists and is shared, finding its goal. We build to communicate our work, to prove it. Yet at home, physically, the narrative vanishes quickly, breathing just for a few days, until the occupant moves in and (legitimately) distorts what we left behind. Like in Calvino's city Thekla, we intensely experience the construction phase, but we don't return to our buildings after we have documented them photographically.[4]

We believe that the spoils of war, our representations of the project, persist and are more important than the buildings they caused and that caused them. Inside the discipline, and specifically inside our bunker, the drawings, images and words will be revisited, shared and analysed for years, becoming a fertile humus, while the building won't be visited anymore, becoming someone else's puppet. Those drawings, images and photographs remain ours and alive long after the building disappears to us or to the world.

We understand today that the building doesn't really matter, being just a necessary 1:1 model to be photographed and discarded, allowing a few more images to exist and illustrate that discourse we care about even if no one asked for it. We understand all this might sound cynical to some, but it's the 'methodic optimism' we've created to survive.

The visual essay following this outflow represents a short selection of our attempts at remaining happy.

4
Italo Calvino, *Le città invisibili* (Turin: Giulio Einaudi Editore, 1972).

fala #082, blue cloth supporting beams/ balken die het blauwe doek ondersteunen

AVISO
593

fala #094, countless windows/ ontelbare ramen

fala #101, column in the middle/ kolom in het midden

We zien ons genoodzaakt vermomd op vergaderingen te verschijnen, ons verschuilend achter praktische en absurde rechtvaardigingen, bang om ontmaskerd te worden.

Het komt er vaak op neer dat we de locatie, het programma, het gebruik van het gebouw, en de wensen en verwachtingen van de opdrachtgevers negeren. Dat zijn slechts voorwendselen, die ons in staat stellen te bereiken wat we als auteurs eigenlijk willen: dat onze projecten autonome entiteiten zijn. Dit betekent niet, dat het in onze huizen slecht wonen is, of dat onze opdrachtgevers ontevreden zijn. Het betekent alleen, dat die aspecten ons niet interesseren. Zelfs als sommigen ons werk op die manier lezen, dan nog zitten wij niet aan de fenomenologische kant van het spectrum. De intellectuele aspecten van onze productie, de prachtig gechoreografeerde ficties waarnaar Shinohara verwees, zijn voor ons veel belangrijker dan enig praktisch aspect; dat is wat wij willen produceren en verwachten te vinden, onze ware bestaansgrond.[3]

Dicht bij het einde, met de onschatbare steun van fotografische lenzen en kritische perspectieven, goed geframed en zorgvuldig bewerkt, documenteren we wat weldra een ruïne zal zijn. Zij aan zij met de excentrieke tekeningen en procesbeelden die de opdrachtgever nooit echt heeft begrepen, vaak tijdens een gebeurtenis die plaatsvindt op duizenden kilometers afstand van het gebouw en alle betrokkenen, bestaat het narratief, wordt het gedeeld en bereikt het zijn doel.

Wij bouwen om ons werk te communiceren, om het te bewijzen. Maar thuis, fysiek, verdwijnt het narratief al snel, ademt het slechts enkele dagen, totdat de bewoner er intrekt en (legitiem) vervormt wat wij hebben achtergelaten. Net als bij Calvino's stad Thekla beleven we de bouwfase weliswaar intens, maar keren we niet meer terug naar onze gebouwen, nadat we ze fotografisch hebben vastgelegd.[4]

Wij geloven dat de oorlogsbuit, onze afbeeldingen van het project, blijven bestaan en belangrijker zijn dan de gebouwen die hen hebben veroorzaakt en die zij hebben veroorzaakt. Binnen de discipline, en specifiek binnen onze bunker, zullen tekeningen, beelden en woorden de komende jaren opnieuw worden bekeken, gedeeld en geanalyseerd, en zo vruchtbare humus gaan vormen, terwijl het gebouw niet meer zal worden bezocht, en de marionet van iemand anders wordt. Die tekeningen, beelden en foto's blijven van ons en in leven, lang nadat het gebouw voor ons of voor de wereld is verdwenen.

We beseffen dat het gebouw er tegenwoordig niet echt toe doet, dat het slechts een noodzakelijk 1:1 model is dat kan worden gefotografeerd en afgedankt, waardoor er nog wat meer afbeeldingen kunnen bestaan en het discours illustreren waar wij om geven, ook al heeft niemand erom gevraagd. We begrijpen dat dit sommigen cynisch in de oren klinkt; het gaat hier echter om het 'methodische optimisme' dat we hebben gecreëerd om te kunnen overleven.

Het visuele essay dat deze ontboezeming begeleidt, vertegenwoordigt een kleine dwarsdoorsnede van onze pogingen om gelukkig te zijn.

Vertaling: InOtherWords, Maria van Tol

3
Kazuo Shinohara, 'The Autonomy of House Design', *Kenchiku* (april 1964), 64–72.

4
Italo Calvino, *Le città invisibili* (Turijn: Giulio Einaudi Editore, 1972).

Jana Čulek

Dystopian Optimism 'The Planet as a Festival'

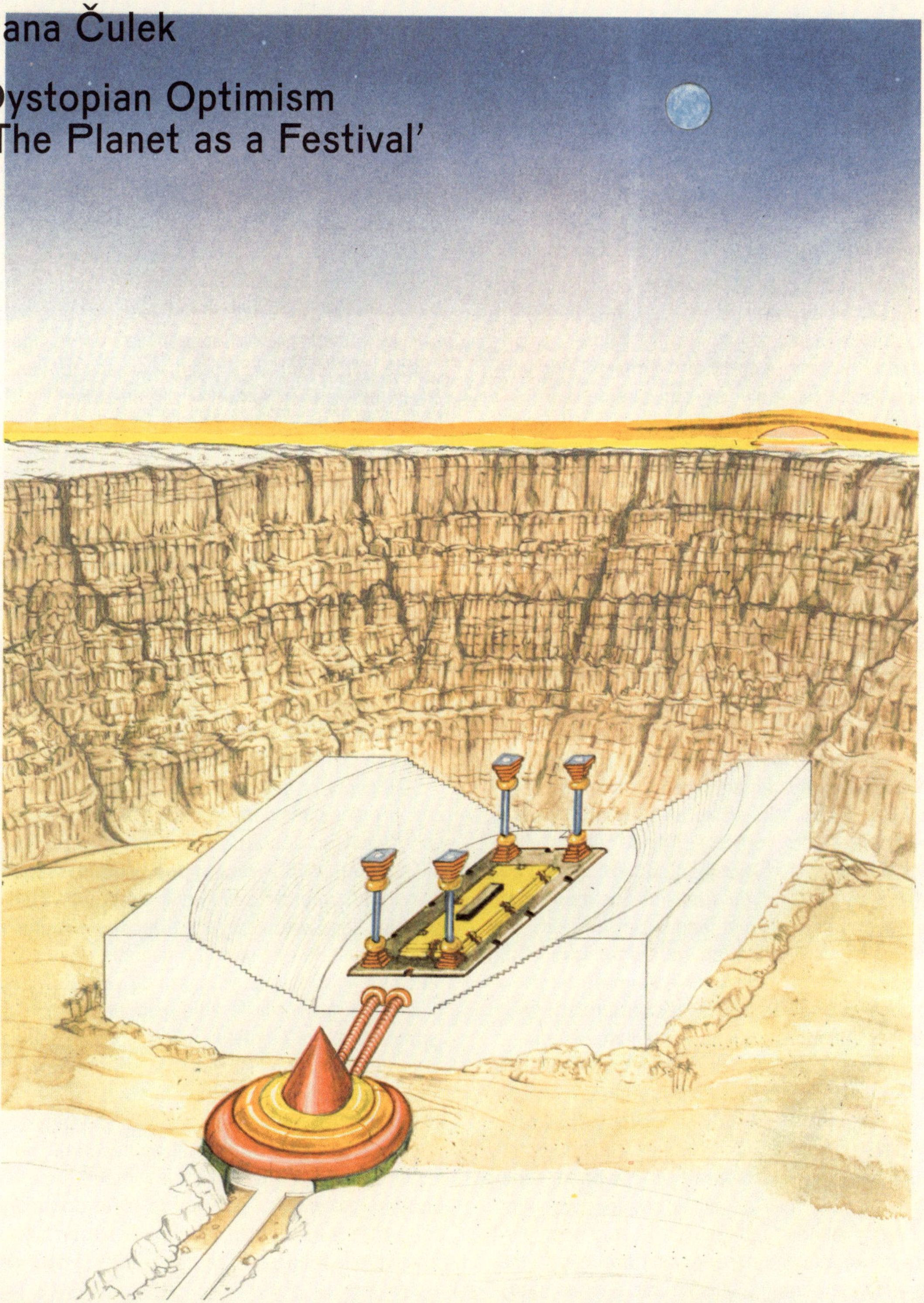

Ettore Sottsass, hand-coloured lithograph, The Planet as a Festival: stadium for large public concerts in the shadow of the rocks of the Ceneri/ met de hand ingekleurde litho, De planeet als festival: stadion voor grote publieke concerten in de schaduw van de Ceneri rotsen. *Casabella,* 1972

Jana Čulek

Dystopisch optimisme 'De planeet als festival'

Wie de eerste alinea leest van de tekst bij de speelse en kleurrijke tekeningen die de Italiaanse architect en designer Ettore Sottsass in 1972 publiceerde in nr 365 van het tijdschrift *Casabella*, ontkomt niet aan een grimmig gevoel van vertrouwdheid: de door hem afgebeelde wereld heeft veel gemeen met de onze. Zittend achter onze 'draagbare toetsenborden' communiceren we met 'de computers in de superwarenhuizen' die ons consumptiegoederen leveren zonder dat we daarvoor ooit ons huis hoeven te verlaten. Maar in tegenstelling tot onze eigen omgeving, die door de intensivering van het consumentisme steeds denser en chaotischer is geworden, zijn de steden van Sottsass 'verpulverd' en 'van de aardbodem verdwenen', en vervangen door oerwouden, bossen of woestijnen.

Sottsass' project 'Il pianeta come festival' (De planeet als festival) lijkt goed te passen in de context van eind jaren 1960, begin jaren 1970. Een kleurrijke en actieve periode die werd gekenmerkt door voortschrijdende teleurstelling over de Moderne Beweging en haar ideeën over de functionele stad, en door het postmodernisme dat de architectuur niet langer ziet als een kritisch instrument dat de wereld ten goede kan veranderen door middel van allesomvattende grootschalige projecten. Maar het project van Sottsass is anders dan de projecten van zijn tijdgenoten. Groepen als Superstudio, Archigram of Team 10 streefden ernaar om in hun (mega) projecten niet alleen de vier hoofdfuncties te vervatten die in het Charter van Athene van het CIAM waren gedefinieerd (werk, wonen, vervoer en recreatie), maar die uit te breiden teneinde 'de verschillende functies van de stad opnieuw te integreren in hiërarchische "clusters" van "bijbehorende elementen" (huis, straat, wijk en stad)'.[1] In hun projecten herintroduceren zij het leven dat tussen wal en schip valt — de delen van de stad die meer doen dan alleen functionele en productieve aspecten faciliteren: die plaats geven aan het leven zelf.

Maar Sottsass' project gaat een stap verder. Met zijn voorstellen voor 'tempels voor individuele of publieke meditatie', 'stadions voor land- en luchtobservatie' of 'karavanserai voor ongeremde, seizoensgebonden bijeenkomsten van stammen uit alle uithoeken van de planeet' richt hij zich in feite alleen op het *leven* en niet op het *functionele*. Terwijl zijn tijdgenoten alternatieve werelden ontwerpen die alle aspecten van het leven omvatten, laat Sottsass alles links liggen, behalve pret en plezier. Met zijn voorstellen voor een reeks verspreide en functioneel noch ruimtelijk met elkaar verbonden paviljoens voor verschillende soorten activiteiten, richt hij zich alleen op functies die geen commerciële waarde genereren en waarvoor over het algemeen niets anders nodig is dan het menselijk lichaam, dat zich in de ruimte vermaakt met andere lichamen.

De supermogelijkheid tot communicatie

Het project doet denken aan het 'disurbanisme' van de sovjet-constructivistische groep OSA uit de jaren 1920. Deze groep had een wereld voor ogen waarin de ongelijkheid tussen stad en platteland werd opgelost door een radicale decentralisatie en spreiding van alle mensen langs infrastructurele assen. In de wereld van het disurbanisme wordt de uitleg van een oneindig aantal modulaire wooneenheden mogelijk gemaakt door een elektrisch infrastructureel netwerk. 'Il pianeta come festival' bouwt voort op dit idee, breidt dit overkoepelende netwerk van infrastructuur en bevoorrading uit en beschrijft het als een 'ondergronds netwerk van een superpneumatische post' dat 'via de radio communiceert met computers in superwarenhuizen', zodat 'consumptiegoederen zich opstapelen in over de

1
Sarah Deyong, 'Memories of the Urban Future: The Rise and Fall of the Megastructure', in: Terence Riley (red.), *The Changing of the Avant-Garde: Visionary Architectural Drawings from the Howard Gilman Collection* (New York: The Museum of Modern Art, 2002), 25.

Observing the first paragraph of the text accompanying a series of playful and colourful drawings created by Italian architect and designer Ettore Sottsass, published in 1972 in issue 365 of the magazine *Casabella*, one cannot avoid a grim feeling of familiarity: the world he depicted has a lot in common with our own. Sitting behind our 'portable keyboards' we communicate with 'the computers in superstorehouses' that deliver our consumer goods, without us ever having to leave our homes. But unlike our own environment, which has become even more dense and chaotic through the intensification of consumerism, Sottsass's cities were 'pulverized' and 'eliminated from the face of the earth' only to be replaced by jungles, forests or deserts.

Sottsass's project 'Il pianeta come festival' (The Planet as a Festival) seemingly fits well into the overall context of the late 1960s and early 1970s. A colourful and active period signified by the steady disillusionment with the Modern Movement and its ideas of the functional city, and postmodernism in which architecture is no longer seen as a critical tool that can change the world for the better through all-encompassing large-scale projects. But Sottsass's project is different to that of his contemporaries. Groups such as Superstudio, Archigram or Team 10 strived to encompass in their (mega) projects not only the four main functions defined by the CIAM's Athens Charter (work, living, transportation and recreation), but widen them to also 'reintegrate the various functions of the city into a hierarchical "cluster" of "associational elements" (house, street, district, and city)'.[1] Within them, they reintroduce the life that falls into the cracks in-between — the parts of the city that go beyond facilitating just the functional and productive aspects, but rather allow for life itself to happen.

Sottsass's project, on the other hand, goes even a step further. By proposing 'temples for private or public meditation', 'stadiums for land and sky observation' or 'caravanserai for the wild seasonal gatherings of tribes from every part of the planet', he in fact focusses only on the *life* and not on the *functional*. While his contemporaries are proposing alternative worlds that encompass all aspects of life, Sottsass completely ignores everything except for fun and pleasure. Through proposing a series of dispersed and functionally or spatially unconnected pavilions for various types of activities, he focuses only on functions that produce no commercial value, and that generally require nothing but the human body, enjoying itself in space with other bodies.

The Super-Possibility to Communicate

The project is reminiscent of the 1920s Soviet constructivist group OSA's work on Disurbanism, which envisioned a world where the disparity between the city and the countryside was solved through a radical decentralisation and dispersion of all people along infrastructural axes. Building on the idea proposed by Disurbanism in which the dispersion of an infinite number of modular housing elements is made possible by an electrified infrastructural network, 'Il pianeta come festival' expands the overarching infrastructural and supply network, describing it as an 'underground network of a super-pneumatic post' that 'communicate[s] via radio with the computers in superstorehouses', making 'consumer goods pile up in distributing points spread over the planet'.[2] And while electricity is the foundation on which the 1920s decentralised utopia is built, Sottsass's world is made possible through the 'super-possibility to communicate', which allows one to 'find out everything (about everyone and everything)' as well as 'allow us to let everyone know everything about us'.[3] In a sense, it is the social network that binds everything together and plays the role of politics, community and all traditional communal spaces. This loss of physical communal spaces starts to appear due to the development of technologies and mass media: a switch occurs, as explained by Lara Schrijver in *Radical Games: Popping the Bubble of 1960s Architecture*, due to the 'loss of the classic constructions of community within which . . . individuals would typically be embedded'.[4] These physical communities have, according to her, been replaced by so-called '"light" communities, which are based more on shared interests than shared space', and often take place in the virtual instead of the real world.[5] But what Sottsass proposes are actually

1
Sarah Deyong, 'Memories of the Urban Future: The Rise and Fall of the Megastrucuture', in: Terence Riley (ed.), *The Changing of the Avant-Garde: Visionary Architectural Drawings from the Howard Gilman Collection* (New York: The Museum of Modern Art, 2002), 25.

2
Ettore Sottsass, 'The Planet as a Festival', *Casabella* 365 (1972), 47.

3
Ibid., 2.

4
Lara Schrijver, *Radical Games: Popping the Bubble of 1960s Architecture* (Rotterdam: NAI Publishers, 2019), 20.

5
Ibid.

Ettore Sottsass, hand-coloured lithograph, The Planet as a Festival: stadium with large habitable levels for the careful observation of the water and the sky/ met de hand ingekleurde litho, De planeet als festival: stadion met grote bewoonbare niveaus voor de nauwkeurige observatie van water en hemel. *Casabella*, 1972

8. Architetture per l'osservazione del mare durante le tempeste o durante le bonacce o al tramonto durante le evoluzioni di barchette a vela per la pesca di sogliole o altri pesci mangerecci (come si vede fino a notte, fino all'arrivo dei pipistrelli nel canale tra l'isola di Gerba e la terra ferma africana).
/ 8. Buildings for observing the sea, be-stormed or becalmed, or at sunset when the fishing boats set out to catch sole or other eatable fish (as is seen until nightfall, until the bats arrive in the channel between the island of Gerba and the African mainland).

10. Tempio per danze erotiche, da eseguire o da osservare. Il rito procede secondo un lento processo di concentrazione e illuminazione che conduce per gradi successivi alla più profonda e liberatoria consapevolezza della propria personale sessualità.

/ 10. Temple for erotic dances, to perform and to watch. The rite proceeds according to a slow process of concentration and lighting, which gradually leads to the deepest and most liberating knowledge of one's own sexuality.

A pagina 46: Stadio a gradoni abitabili (fig. 6) per l'osservazione accurata dell'acqua e del cielo: in perspex trasparente con cupola lenticolare per aumentare la profondità del cielo e la quantità delle stelle visibili.

/ Page 46: Stadium with large habitable levels (fig. 6) for the careful observation of the water and the sky: in transparent perspex with lenticular dome to increase the depths of the sky and the number of stars visible.

10

45

Ettore Sottsass, hand-coloured lithograph, The Planet as a Festival: temple in which to perform and watch erotic dances/ met de hand ingekleurde litho, De planeet als festival: tempel om erotische dansen op te voeren en te aanshouwen. *Casabella*, 1972

planeet verspreide distributiepunten'.[2] En terwijl elektriciteit het fundament is waarop de gedecentraliseerde utopie van 1920 is gebouwd, wordt de wereld van Sottsass mogelijk gemaakt door de 'supermogelijkheid tot communicatie' die ons in staat stelt 'alles (over iedereen en alles) te weten te komen', zowel als 'iedereen alles over ons te laten weten'.[3] In zekere zin verbindt het sociale netwerk (in de huidige 'sociale media'-betekenis van het woord) alles met elkaar en neemt het de rollen over van de politiek, de gemeenschap en alle traditionele gemeenschappelijke ruimten. Deze teloorgang van fysieke gemeenschappelijke ruimten gaat van start met de ontwikkeling van techniek en massamedia: er vindt een omschakeling plaats, zoals Lara Schrijver uiteenzet in *Radical Games: Popping the Bubble of 1960s Architecture*, als gevolg van de 'teloorgang van de traditionele gemeenschapsconstructies waarbinnen (...) individuen gewoonlijk ingebed waren'.[4] Deze fysieke gemeenschappen zijn volgens Schrijver vervangen door zogenaamde 'light-versies', die eerder gebaseerd zijn op gedeelde belangen dan op gedeelde ruimten, en die zich vaak afspelen in de virtuele in plaats van de echte wereld.[5] Maar wat Sottsass voorstelt zijn echte ruimten, die deze gedeelde belangen representeren — zijn 'ambachtelijke' of 'nomadische' kunstenaars, die ergens op een planeet van verspreide en gedecentraliseerde stedelijkheid wonen, komen samen voor openbare concerten in stadions 'in de schaduw van de rotsen van de Ceneri', in de 'tempel voor erotische dansen', behorend bij een 'rite' die 'verloopt volgens een langzaam proces van concentratie en verlichting dat geleidelijk leidt tot de diepste en meest bevrijdende kennis van de eigen seksualiteit' of in een 'stadion met grote bewoonbare niveaus voor de nauwkeurige observatie van het water en de lucht'.[6]

Utopie van het residu

Het domein waarin Sottsass opereert kan worden gezien als het domein van wat Lefebvre het 'alledaagse' of het 'residuele' noemt.[7] Volgens Lefebvre 'wordt het alledaagse leven [gedefinieerd] door "dat wat er overblijft" nadat alle onderscheiden, superieure, gespecialiseerde, gestructureerde activiteiten zijn geidentificeerd'.[8] Zoals M. Poster uiteenzet, is het juist dit 'residuele' dat 'verwijst naar een domein buiten de politiek en de economie'. Hij stelt dat Lefebvre zodoende 'het project van de moderniteit bevestigt' door de locatie ervan te verplaatsen van 'de politiek en de economie' naar 'de vage locatie van het residu', zodat hij in feite het 'verzet tegen de onderdrukking' in stand houdt. Met andere woorden, in tegenstelling tot de projecten van Sottsass' tijdgenoten die proberen een revolutie teweeg te brengen door lagen toe te voegen aan de reeds bestaande ruimtelijke en machtsstructuren van de moderne stad, 'verpulvert' het project van Sottsass de moderne stad volledig.[9] Daarmee verwerpt hij 'de werkvloer en het overheidsgebouw [en koppelt hij] het alledaagse aan de utopische ruimte van het werkelijk vrije individu'.[10] Zoals Poster uitlegt, 'wordt het menselijke nu opgevat als liefde, spel, vriendschap, communicatie, en verwijst het niet langer naar de uitroeiing van armoede en de opheffing van tirannie'.[11] En juist in dit domein, buiten de moderne stad en alles wat daarmee samenhangt, kan de ware revolutie plaatsvinden.

'Il pianeta come festival' richt zich uitsluitend op de activiteiten en ruimten die buiten de functionele stad liggen. 'Er gaan geen mannen meer naar hun werk,' stelt Sottsass, 'want in de fabrieken zijn geen mannen meer nodig, en er zijn ook geen tempels van productiviteit en inkomen meer.'[12] Hij is zelfs niet geïnteresseerd in het observeren of ontwerpen van de leefomgeving van deze nieuwe vrijetijdssamenleving; hij geeft

2
Ettore Sottsass, 'The Planet as a Festival', *Casabella* 365 (1972), 47.

3
Ibid.

4
Lara Schrijver, *Radical Games: Popping the Bubble of 1960s Architecture* (Rotterdam: NAi Publishers, 2019), 20.

5
Ibid.

6
Sottsass, 'The Planet as a Festival', op. cit. (noot 2), 42, 45.

7
Henri Lefebvre, *Critique of Everyday Life* (Londen: Verso, 1991), 97.

8
Ibid., 10.

9
Sottsass, 'The Planet as a Festival', op. cit. (noot 2), 47.

10
Mark Poster, 'Everyday (Virtual) Life', *New Literary History* 33/4 (2002), 747.

11 Ibid., 746.

12
Sottsass, 'The Planet as a Festival', op. cit. (noot 2), 47.

spaces that embody these shared interests – his 'artisan-artists' or 'nomad-artists', living somewhere on a planet of dispersed and decentralised urbanity, come together for public concerts held in stadiums 'in the shadow of the rocks of the Ceneri', in the 'temple for erotic dances' following a 'rite' that 'proceeds according to a slow process of concentration and lighting which gradually leads to the deepest and most liberating knowledge of one own's sexuality', or at a 'stadium with large habitable levels for the careful observation of the water and the sky'.[6]

Utopia of the Residual

The domain in which Sottsass is operating can be seen as what Lefebvre refers to as the 'everyday' or the 'residual'.[7] According to Lefebvre, 'everyday life [is] defined by "what is left over" after all distinct, superior, specialized, structured activities have been singled out'.[8] As explained by M. Poster, it is precisely this 'residual' that 'refers to a domain outside politics and economics'. Stating that through it, Lefebvre 'confirms the project of modernity' by shifting its site from that of 'politics and economics to the vague place of the residual', where he actually preserves 'resistance to oppression'. In other words, unlike the projects of Sottsass's contemporaries, who attempt to instil a revolution by merely adding layers to the already existing spatial and power structures of the modern city, Sottsass 'pulverizes' the modern city altogether.[9] With it, he abandons 'the shop floor and the state house [attaching] to the everyday the utopian space of the truly free individual'.[10] As explained by Poster: 'The human is now figured as love, play, friendship, communication, not the eradication of poverty and the dissolution of tyranny which were its earlier referents.'[11] And it is precisely in this domain, outside of the modern city and everything that goes along with it, that true revolution can occur.

'Il pianeta come festival' focuses exclusively on the activities and spaces that lie beyond the functional city. 'There are no longer men going to work,' Sottsass states, 'because men are not needed in factories, and neither are there any temples of productivity and income any longer.'[12] He is not even interested in observing or designing the habitats of this new leisurely society, noting only schematically specific areas of the globe that certain groups of people would find environmentally pleasing. Instead of the 'motor-ways' that 'only serve to take us to the carpark smelling of petrol and at the sea-side, or some such equivalent space', he designs 'a panoramic road for viewing the Irrawaddy River and the jungle along its banks'.[13] Freeing people from 'the factory, the bureau, the supermarket, the bank, the street, the pavement, the tube, the crystal entrance-hall, the crippled door-keeper', he provides them only with objects of enjoyment scattered around the globe.[14]

Dystopian Optimism

Setting his proposal in a world even more dystopian than our own, where the built remnants of society have all but disappeared, the project Sottsass envisions seems anything but grim. Where the built environment as we know it has disintegrated back to nature, he envisions a collection of colourful and fun architectural objects intended for pure joy, happiness and satisfaction: a building for observing the sea, a temple for erotic dances, a panoramic road to view the waters and jungles that surround it. With the productive aspect of our lives fully handled by automation, he argues that the only thing left for us to turn to is enjoyment and pleasure – and architecture becomes a tool for this enjoyment. While the name of the project – 'Il pianeta come festival' – seems optimistic enough, when observing its setting and the conditions that brought society to it, it is anything but. We may ask ourselves what is Sottsass actually proposing here? A utopia – but set in a dystopian future?

Similar to the works of his Superstudio contemporaries, the work actually questions the utopian genre itself, turning it on its head and using it as a critique of itself as well as society. Utopia and dystopia are usually seen as opposites, with utopia

6
Sottsass, 'The Planet as a Festival', op. cit. (note 2), 42, 45, 8.
7
Henri Lefebvre, *Critique of Everyday Life* (London: Verso, 1991), 97.
8
Ibid., 10.
9
Sottsass, 'The Planet as a Festival', op. cit. (note 2), 47.
10
Mark Poster, 'Everyday (Virtual) Life', *New Literary History* 33/4 (2002), 747.
11
Ibid., 746.
12
Sottsass, 'The Planet as a Festival', op. cit. (note 2), 47.
13 I
bid., 47, 42.
14
Ibid. 47.

alleen schematisch aan in welke gebieden op de aardbol bepaalde groepen mensen de omgeving aantrekkelijk zouden kunnen vinden. In plaats van de 'autosnelwegen' die 'slechts dienen om ons naar een naar benzine ruikende parkeerplaats of het strand of een soortgelijke ruimte te brengen', ontwerpt hij 'een panoramische route met zicht op de rivier de Irrawaddy en de jungle langs haar oevers'.[13] Hij bevrijdt de mensen van 'de fabriek, het bureau, de supermarkt, de bank, de straat, het trottoir, de metro, de kristallijnen entreehal, de kreupele portier' en voorziet ze uitsluitend van objecten om van te genieten, over de hele wereld verspreid.[14]

Dystopisch optimisme

Sottsass heeft zijn ontwerp weliswaar in een wereld geplaatst die nog meer dystopisch is dan de onze en waar de gebouwde restanten van de samenleving zo goed als verdwenen zijn, maar toch is het project dat hij voor ogen heeft allesbehalve grimmig. Waar de gebouwde omgeving zoals wij die kennen gedesintegreerd is en overgenomen door de natuur voorziet hij een verzameling kleurrijke en vrolijke architectonische objecten die zijn bedoeld voor pure vreugde, geluk en bevrediging: een gebouw om de zee te observeren, een tempel voor erotische dansen, een panoramische weg om het water en de jungle rondom te bekijken. Als het productieve aspect van ons leven volledig is geautomatiseerd, zo stelt hij, dan rest ons alleen nog vreugde en plezier — en architectuur wordt dan een instrument dat deze vreugde teweeg kan brengen. Terwijl de naam van het project — 'Il pianeta come festival' — optimistisch genoeg lijkt, is het zelf, gezien de omgeving en de omstandigheden die de maatschappij ertoe hebben gebracht, allesbehalve optimistisch. We kunnen ons afvragen wat Sottsass hier eigenlijk voorstelt? Een utopie — maar dan in een dystopische toekomst?

Net als het werk van zijn tijdgenoten van Superstudio stelt het werk het utopische genre zelf ter discussie; het zet het op zijn kop en gebruikt het als zelfkritiek en sociale kritiek. Utopie en dystopie worden meestal als tegenpolen gezien, waarbij de utopie een ideale plek beschrijft, ver weg van de onze, waar alle elementen van de ruimte en de maatschappij in perfecte harmonie lijken te functioneren in een continue en onveranderde staat, en waarbij de dystopie duidt op een wereld (vaak die van ons) die ruimtelijk, politiek en ecologisch naar de knoppen is gegaan. Hier wil ik echter betogen dat, vooral in dit geval, zowel het dystopische als het utopische beeld met elkaar verbonden zijn, en beide even sterk verband houden met de historische context waarin ze zijn gecreëerd. En hoewel utopieën uitdrukking kunnen zijn van onze hoop en verlangens, terwijl dystopieën een uiting zijn van onze angsten, hangt wat verlangen of angst is ook sterk af van het individu, de maatschappij of de historische periode. In 'Il pianeta come festival' voert Sottsass een wereld ten tonele waarin de maatschappij en het stadsleven zoals wij die kennen een totale transformatie hebben ondergaan, met als enige overblijfselen de ruimten waar het spektakel heerst — exact de belichaming van de toestand die onze ondergang veroorzaakte. Sottsass' werk beschouwen als een utopie waarin hij een geïdealiseerde maatschappij voorstelt waar arbeid en inspanning zijn afgeschaft en het enige wat ons nog rest (zowel producten als genot) consumeren is, gaat onvermijdelijk voorbij aan het dystopische aspect van het werk, dat ons aanspoort ons af te vragen wie er eigenlijk produceert wat wij consumeren. De productie van goederen kan dan misschien volledig worden geautomatiseerd, maar wie produceert de ruimten waar we onze gemeenschappelijke vreugde vieren?

Sottsass zet het utopische genre opnieuw op zijn kop en betrekt zichzelf bij zijn eigen verhaal. In plaats van deze architectonische objecten van collectieve vreugde op te eisen als zijn eigen creatieve manifestaties, presenteert hij ze als objecten die zijn ontworpen door 'anderen' — een optimistische, maar dystopische speculatie over een toekomstige wereld die buiten zijn bereik ligt en waarover hij zelf, als eenzame architect en ontwerper, de ruimtelijke zeggenschap heeft verloren. We kunnen ons afvragen waarom hij dan nog ontwerpt, en wat de reden kan zijn voor een ontwerpmethode waarbij de architect zich het werk van eigen makelij voorstelt alsof het door anderen is gemaakt. Door ervoor te kiezen zijn werk te presenteren als een utopisch voorstel, ontloopt Sottsass de verplichting om de ruimtelijke (en maatschappelijke) vraagstukken van zijn eigen tijd daadwerkelijk op te lossen. In plaats daarvan gebruikt hij het utopische

13
Ibid. 47, 42.

14
Ibid. 47.

Ettore Sottsass, hand-coloured lithograph, The Planet as a Festival: a gigantic work. A panoramic road for viewing the Irrawaddy river and the jungle along its banks/ met de hand ingekleurde litho, De planeet als festival: een gigantisch werk. Een panoramische weg met zicht op de Irrawaddy rivier en de jungle langs haar oevers. *Casabella,* 1972

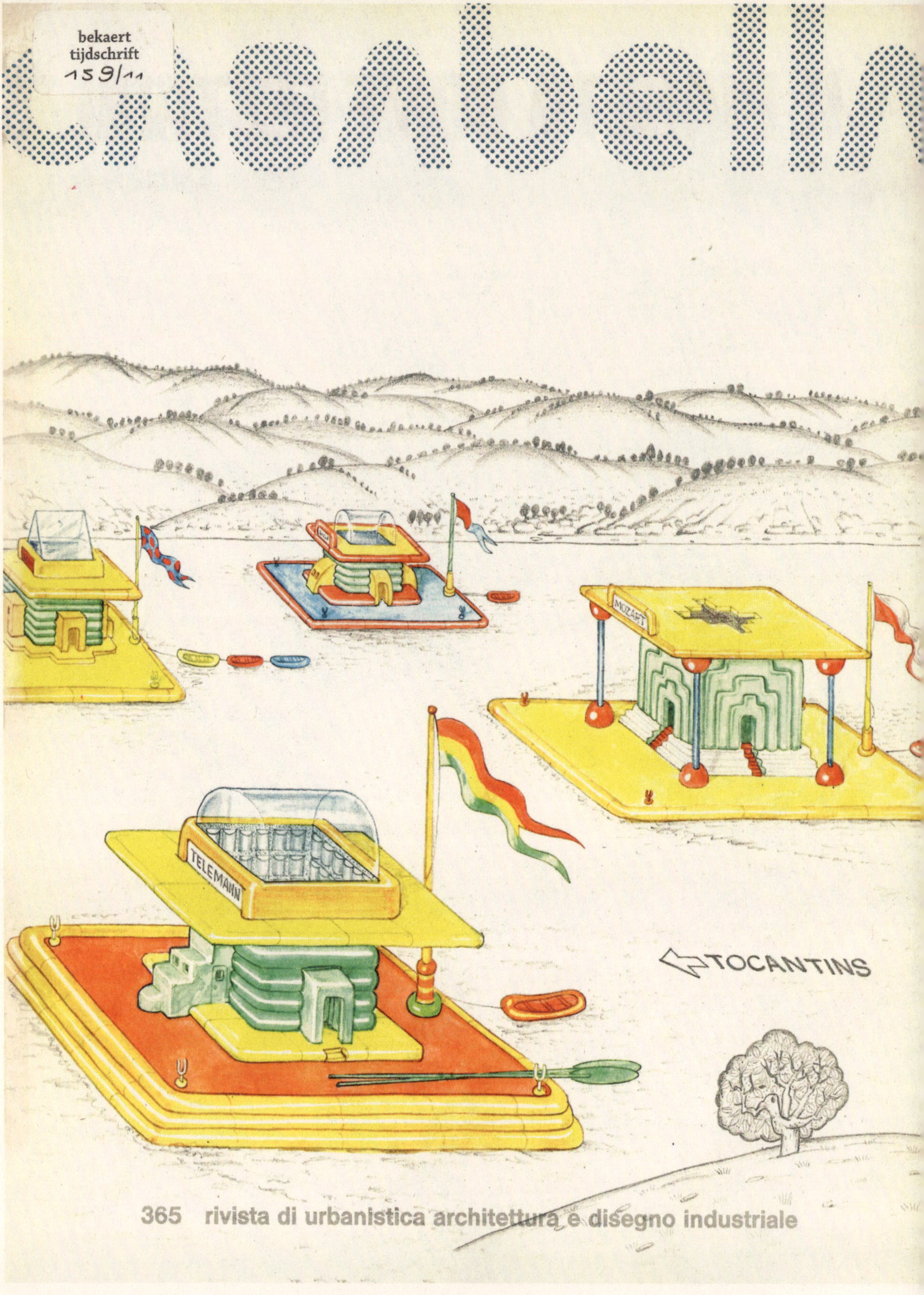

Ettore Sottsass, hand-coloured lithograph, The Planet as a Festival: rafts for listening to chamber music/
met de hand ingekleurde litho, De planeet als festival: vlotten om naar kamermuziek te luisteren. *Casabella,* 1972

describing an ideal place located far away from our own, where all elements of space and society seem to function in perfect harmony while in a continuous and unchanged state, and dystopia signifying a world (often our own) that has gone to ruin — spatially, politically, ecologically. But I argue that, especially in this case, both the dystopian and utopian image are connected, and both equally related to the historical context within which they were created. And although utopias may be expressions of our hopes and desires, while dystopias are a manifestation of our fears, what constitutes desire or fear is also very much dependant on the individual, society, or historical period. In 'Il pianeta come festival', Sottsass is showcasing a world in which society and urbanity as we know it have undergone a total transformation, the only remnants of which are the spaces of spectacle — the very embodiment of the condition that has brought our demise to begin with. Viewing Sottsass's work as a utopia in which he proposes an idealised society where work and effort are abolished and the only thing left for us to do is to consume (both products and enjoyment), inevitably ignores the dystopian aspect of the work that urges us to ask who is actually producing what we are consuming? While production of goods could perhaps be fully automated, who is producing the spaces for our communal enjoyment?

Turning the utopian genre on its head once again, Sottsass inserts himself into his own narrative and, instead of claiming these architectural objects of collective joy as his own creative manifestation, he presents them as objects designed by 'others' — an optimistic yet dystopian speculation of a future world beyond his own reach in which he himself, as a solitary architect and designer, has lost his spatial agency. We may ask ourselves, why does he still design then, and what could be the reason for using a design method in which the architect envisions the work of his own making as if it was created by others? Choosing to present his work as a utopian proposal, Sottsass relinquishes himself from the obligation of actually solving the spatial (and societal) issues that result as a consequence of his own times. Instead, he uses the utopian genre to pinpoint and critically reflect upon what could happen if the future was left unchecked: a world in which the only architecture that could be produced is that which (seemingly) serves no productive societal purpose. So where is the optimism in this dystopia? In a world where there is nothing left to design, and we have become creatures solitarily scattered throughout Sottsass's vast desert planes, or deep within jungles, architecture has become the means of our true collectivity, of the everyday, one not inhibited, supported, or initiated by consumerism. Architecture becomes a scenography for serendipitous encounters — an optimistic framing of a world in ruins.

genre om precies aan te geven en kritisch te reflecteren op wat er zou kúnnen ontstaan als de toekomst ongemoeid wordt gelaten: een wereld waarin de enige architectuur die geproduceerd zou kunnen worden, er een is die (schijnbaar) geen productief maatschappelijk doel dient. Dus waar is het optimisme in deze dystopie? In een wereld waarin er niets meer te ontwerpen valt, en wij wezens zijn geworden die eenzaam verspreid zijn over Sottsass' uitgestrekte woestijnvlakten, of diep in jungles zijn weggestopt, is architectuur het instrument geworden van onze ware collectiviteit, van het alledaagse: dit is een architectuur die niet geremd, gesteund of geïnitieerd wordt door consumentisme. De architectuur wordt een scenografie voor toevallige ontmoetingen — een optimistische omkadering van een wereld die in puin ligt.

Vertaling: InOther Words, Maria van Tol

Yosuke Nakamoto

From Alpine Architecture to Katsura Imperial Villa Traces of Refuge and Optimism in Bruno Taut's Work

Auflösung der Städte (1920), decentralising force of the dissolving modern city/
de decentraliserende kracht van de uiteenvallende moderne stad

Yosuke Nakamoto

Van alpine architectuur tot keizerlijk paleis Katsura
Sporen van toevluchtsoorden en optimisme in het werk van Bruno Taut

Abb. 1 Wintermarkt in Akita

Woodblock print by Tokushi Katsuhira for the inside front cover of *Houses and People of Japan* (1937). Japanese pastoral landscape as experienced by Taut/

Bruno Taut's life and career as an architect was largely determined by Germany's political and economic situation in the first half of the twentieth century. As his homeland was greatly affected by the First World War, the following Great Depression and the rise of Nazism in the 1930s, the architect and pacifist sought refuge both in mental and physical terms, following his personal belief and socialist tendencies. Throughout this mental and physical journey, the idealised world envisioned in his work was always accompanied by a sense of optimism.

In the following biographical excerpt I would like to focus on two sorts of refuge by Taut (1880–1938), namely his mental refuge during the First World War in Germany and his refuge abroad in Japan. By following his architectural legacy it seems that the harsh economic context of his early years created an urge for an activist and optimistic approach towards architecture and served as a fertile ground for his utopian visions

Taut's Mental Refuge during the First World War

During the war Taut started to imagine an ideal society and immersed himself in new forms of living on various scales, ranging from monuments in the landscape to structures of urban settlements. His illustrations served as a protest to the devastating situation in Europe and vividly portray his brightly coloured imagination, where preconceived hierarchy is extinguished. Four utopian works were published shortly after the end of the First World War: *Die Stadtkrone* (1919), *Alpine Architektur* (1919), *Der Weltbaumeister* (1920) and *Die Auflösung der Städte* (1920). In *Alpine Architektur*, Taut conceptualises new monuments for humanity with crystal pavilions and towers embedded into the Alpine landscape, acting as a manifesto for peace. Crystal constructs are a recurring theme in Taut's work. They are characterised by delicate structures of arches and pillars and transparent surfaces that refract sunlight and glow from within. According to Taut, the form of crystal is already contained within nature itself and awaits to be revealed through the work of mankind.[1] *Alpine Architektur* aims to heal the hardened souls of the war-defeated population, in unity with the beautiful mountainous European landscape. Taut felt the deed of working on extraordinary monuments could help reconcile humanity once again with nature, while keeping people away from the destructive acts of war.[2]

Many of Taut's utopian ideas were developed in collaboration with Paul Scheerbart, a radical expressionist poet with fantastic visions. Influenced strongly by Scheerbart, Taut's idealising gaze to the Orient grew as a form of cultural escapism from the First World War.[3] In the speculative constructs drawn in *Die Stadtkrone*, one could see references to the temples of southern India with a Stupa, tower elements from Jain temples and Angkor Wat.[4]

Taut's idealisation of the Orient is closely tied to his fascination with colour and light. He regarded colour as an equally significant composing element of architecture. Coming from North-Germany, where light was scarce in winter time, Taut wished to fill the grey deteriorated German post-war cities with colour and light.[5] In *Aufruf Zum Farbigen Bauen* (1920), a manifest in favour of using colour in architecture, he also mentions the advantage of colour, as it is quite cheap compared with other forms of architectural ornamentation. Colour as a democratic joy of life. He furthermore explains how a house needs contrasting colours both for green summer and snow white winter sceneries, instead of the grey industrial dust and soot. Through colour, Taut saw the potential to express individualism and self-governance in an era when society and dwelling models were shifting. The optimistic use of colours in his architecture reflects Taut's wish to provide light and a sense of individual ownership to the citizens.

Taut Seeks Refuge in Japan

During the 1930s Taut leaves the turmoil of Germany behind him and travels to Japan with his partner Erica Wittich. During Taut's three and a half year stay in Japan, he and Wittich were accommodated in a humble traditional Japanese house belonging to the *Shorinzan* temple close to the city of Takasaki. Because it was difficult to find building

1
The Watarium Museum of Contemporary Art, *Bruno Taut: Katsura Imperial Villa and Utopian Architecture* (Tokyo: Octave Co., 2007), 89.

2
Ibid., 50.

3
Yoshimi Doi, 'Taut and Scheerbart', *SD: Space Design* 171 (1978), 49–52.

4
The Watarium Museum of Contemporary Art, *Bruno Taut*, op. cit. (note 1), 84.

5
Manfred Speidel, *Bruno Taut: Natur und Fantasie 1880–1938* (Berlin: Ernst & Sohn, 1995), 15–16.

Bruno Taut's leven en werk werden grotendeels bepaald door de politieke en economische situatie in Duitsland in de eerste helft van de twintigste eeuw. Aangezien zijn vaderland zwaar werd getroffen door de Eerste Wereldoorlog, de daaropvolgende crisis van de jaren 1930 en de opkomst van het nazisme in diezelfde periode, zocht de architect en pacifist zowel mentaal als fysiek zijn toevlucht in een persoonlijk geloof en socialistische gezindheid. Gedurende die mentale en fysieke reis ging de geïdealiseerde wereld die in zijn werk school, altijd samen met een gevoel van optimisme.

In het volgende biografische fragment wil ik me concentreren op twee toevluchtsoorden van Taut (1880–1938), namelijk zijn mentale toevluchtsoord tijdens de Eerste Wereldoorlog in Duitsland en zijn buitenlandse toevluchtsoord in Japan. Als we naar zijn architectonische nalatenschap kijken, lijkt het erop dat de harde economische context van zijn vroege jaren een drang naar een activistische en optimistische benadering van de architectuur tot gevolg had en een vruchtbare bodem was voor zijn utopische visies.

Taut's mentale toevluchtsoord tijdens de Eerste Wereldoorlog

Tijdens de oorlog begon Taut zich een voorstelling te maken van de ideale samenleving en verdiepte hij zich in nieuwe woonvormen op verschillende schaalniveaus, uiteenlopend van landelijk gelegen monumenten tot de vorm van stedelijke nederzettingen. Zijn illustraties dienden als protest tegen de afgrijselijke situatie in Europa en geven de felle kleuren die hij zich verbeeldt levendig weer, zonder vooropgezette hiërarchie. Hij publiceerde kort na de Eerste Wereldoorlog vier utopische werken: *Die Stadtkrone* (1919), *Alpine Architektur* (1919), *Der Weltbaumeister* (1920) en *Die Auflösung der Städte* (1920). In *Alpine Architektur* conceptualiseert Taut nieuwe monumenten voor de mensheid, bijvoorbeeld in het Alpenlandschap verankerde kristallen paviljoens en torens die fungeren als een manifest voor de vrede. Dergelijke kristallen constructies zijn een terugkerend thema in het werk van Taut. Kenmerkend zijn hun delicate, uit bogen en zuilen bestaande structuren en de transparante oppervlakken die het zonlicht breken en van binnenuit doen stralen. Volgens Taut is de vorm van kristal onderdeel van de natuur zelf en wacht deze slechts op onthulling door mensenhand.[1]

Alpine Architektur is bedoel om de verharde zielen van de door de oorlog verslagen bevolking te genezen, zodat ze weer een eenheid kunnen gaan vormen met het prachtige Europese berglandschap. Taut geloofde dat de handeling van het werken aan buitengewone monumenten kon helpen om de mensen weer met de natuur te verzoenen en ze tegelijkertijd af te houden van destructieve oorlogsdaden.[2]

Taut ontwikkelde veel van zijn utopische ideeën in samenwerking met Paul Scheerbart, een radicale expressionistische dichter met fantasierijke ideeën. Vanwege de Eerste Wereldoorlog groeide Taut's geïdealiseerde blik op de Oriënt onder invloed van Scheerbart uit tot een vorm van cultureel escapisme.[3] In de speculatieve constructies die hij voor *Die Stadtkrone* tekende, waren verwijzingen terug te vinden naar de tempels met stoepa in Zuid-India, de torenelementen van Jain-tempels en Angkor Wat.[4]

Taut's idealisering van de Oriënt is nauw verbonden met zijn fascinatie voor kleur en licht. Hij beschouwde kleur dan ook als een belangrijk compositorisch element van de architectuur. Taut was afkomstig uit Noord-Duitsland, waar het licht in de winter schaars is, en wilde de grijze, vervallen Duitse naoorlogse steden vullen met kleur en licht.[5] In *Aufruf Zum Farbigen Bauen* (1920), een manifest waarin hij pleit voor het gebruik van kleur in de architectuur, noemt hij ook het voordeel dat kleur vrij goedkoop is in vergelijking met andere vormen van architectonische versiering. Kleur als democratisch plezier in het leven. Hij legt daarnaast uit dat huizen contrasterende kleuren nodig hebben, zowel in groene zomerlandschappen als in sneeuwwitte winterlandschappen, in plaats van het grijs van industrieel stof en roet. In een tijdperk waarin de maatschappij en manieren van leven aan het

1
Het Watari Museum of Contemporary Art of Watarium, *Bruno Taut: Katsura Imperial Villa and Utopian Architecture* (Tokio: Octave Co., 2007), 89.

2
Ibid., 50.

3
Yoshimi Doi, 'Taut and Scheerbart', *SD: Space Design* 171 (1978), 49–52.

4
Het Watari Museum of Contemporary Art of Watarium, *Bruno Taut*, op. cit. (noot 1), 84.

5
Manfred Speidel, *Bruno Taut: Natur und Fantasie 1880–1938* (Berlijn: Ernst & Sohn, 1995), 15–16.

Colour scheme design for Carl Winter office and store building, Magdeburg (1923)/
Ontwerp kleurenschema voor Carl Winter's kantoor en warenhuis

Alpine Architektur (1920), Approaching the crystal house in the mountains/ het benaderen van het kristallen huis in de bergen

Gedanken nach dem Besuch im Katsura (1934), A view towards the central reading room during Taut's stroll through Katsura Imperial Villa/

commissions, he kept himself busy by designing industrial art objects and writing. For a handcraft workshop in Takasaki, Taut designed over 300 objects such as baskets, lamps and small cabinets. This period, described by Taut as an 'architect's holiday', again served to him as a mental refuge, where he consciously devoted himself to studying traditional Japanese architecture in depth. During this refuge, he was truly touched by the clear harmony maintained between nature, handcraft and architecture, forming an ideal rural life similar to what he had wished for in *Die Auflösung der Städte* in 1920.[6] All these findings and observations, as well as the documentation of his work, were soon after made available to the Western world in various books.[7]

In Japan, Taut was invited to visit the Katsura Imperial Villa, a property of the Imperial Household just outside of Kyoto, developed during the sixteenth century by the imperial court. Katsura Imperial Palace, built on a generous 5.8-hectare territory, includes a palace, four tea houses, two reading rooms and a strolling garden around a pond with a constantly changing topography. Taut was deeply moved by the perfect proportions of Katsura, marked by the balance between the buildings, their intended functions and the surrounding nature. Though each part appears to be completely independent, there is a strong sense of harmonious unity. The entrance gate, the houses, the inner spaces and the garden pursue meaning as individual elements while they simultaneously act together as one organism. Ideologically, for Taut Katsura Palace forms a unique example of a society that consists of independent and free individuals, while all relationships between the buildings and gardens create a harmonious unity.[8]

In the Katsura Villa, Taut notices elements of modern architecture such as rationality, abstaining from ornament, transparency and the functional fluidity of the plan. But what he cherished the most in Katsura was precisely the essence of nature turned into form. Katsura Imperial Villa appeared to Taut almost as if it were a wooden crystal house in the rural landscape of Kyoto.[9] It was a reality that came very close to the garden city that he had illustrated in *Die Auflösung der Städte.* The journey towards the crystal house depicted in *Alpine Architektur* and the documentation of Taut's second visit to Katsura Imperial Villa draw a curious parallel of a joyous relief experienced after hardship. The deeply calming meditative experience inside the crystal house was to be reached by the pilgrims only after climbing up the steep mountain path, crossing a waterfall in the stories of *Alpine Architektur.* Equally, a deep liberation and enlightenment was experienced by Taut during a tea ceremony at the *Shokin-tei* tea house of Katsura, after having passed the attentive approach across thin stone bridges and stepping stones. His previously conceived mental refuge became at last reality through his political refuge.

6
Bruno Taut, *Die Auflösung der Städte* (Berlin: Gebr. Mann Verlag, 2000 [1920]).

7
See various books from the 1930s : Bruno Taut, *Das japanische Haus und sein Leben* (Berlin: Gebr. Mann Verlag, 2000 [1937]); Bruno Taut, *Ich liebe die japanische Kultur: Kleine Schriften über Japan* (Berlin: Gebr. Mann Verlag, 2003); Bruno Taut, *Nippon mit europäischen Augen gesehen* (Berlin: Gebr. Mann Verlag, 2009 [1934]); Bruno Taut, *Japans Künst mit europäischen Augen gesehen* (Berlin: Gebr. Mann Verlag, 2011).

8
Takashi Hasegawa, 'Nature, Garden City and Crystal House', in: Musashino Art University Taut Exhibition Committee (ed.), *Bruno Taut 1880–1938* (Tokyo: Musashino Art University, 1984), 54.

9
Takashi Hasegawa, 'Non-City or Witness of the Pastoral Landscape (1)', *SD: Space Design* 75 (1971), 98.

veranderen waren, geloofde Taut dat het mogelijk was individualisme en zelfbestuur uit te drukken door middel van kleur. Taut's optimistische kleurgebruik in zijn architectuur weerspiegelt zijn verlangen om de burgers van licht en een gevoel van individueel eigendom te voorzien.

Taut zoekt toevlucht in Japan

In de jaren 1930 laat Taut de onrust in Duitsland achter zich en reist hij met zijn partner Erica Wittich naar Japan. Tijdens Taut's drieënhalf jaar durende verblijf aldaar wonen hij en Wittich in een eenvoudig traditioneel Japans huis dat bij de Shorinzan-tempel in de buurt van de stad Takasaki hoort. Omdat het moeilijk voor hem was om bouwopdrachten te verwerven, hield hij zich bezig met het ontwerp van industriële kunstvoorwerpen en met schrijven. Hij werd uitgenodigd om als ontwerper te werken voor een handarbeidatelier in Takasaki en ontwierp daar meer dan 300 objecten, zoals manden, lampen en kleine kastjes. Taut omschreef deze periode als een 'architectenvakantie'. In mentale zin bevond hij zich in een toevluchtsoord en hij legde zich bewust toe op een grondige studie van de traditionele Japanse architectuur. Tijdens zijn verblijf in dit toevluchtsoord werd hij werkelijk geraakt door de duidelijke harmonie tussen natuur, handarbeid en architectuur die hij er aantrof. Het was een ideaal plattelandsleven dat vergelijkbaar was met wat hij zich in 1920 in *Die Auflösung der Städte* had gewenst.[6] Al zijn bevindingen en waarnemingen, ook de documentatie van Taut's werk, werden kort daarna via verschillende boeken ter beschikking van de westerse wereld gesteld.[7]

In Japan werd Taut uitgenodigd voor een bezoek aan paleis Katsura, een bezit van de keizerlijke familie net buiten Kyoto dat in de zestiende eeuw door het keizerlijk hof was aangelegd. Katsura is gebouwd op een terrein van ruim 5,8 ha en bestaat uit een paleis, vier theehuizen, twee leeszalen en een wandeltuin rond een vijver met een voortdurend veranderende topografie. Taut werd diep geraakt door de perfecte verhoudingen van Katsura, met zijn harmonie tussen de gebouwen, hun beoogde functies en de omringende natuur. Hoewel alle onderdelen volledig onafhankelijk lijken, stralen ze een sterk gevoel van harmonieuze eenheid uit. De toegangspoort, de woongedeelten, de binnenruimten en de tuin streven betekenis na als afzonderlijke elementen, terwijl ze tegelijkertijd samenwerken als één organisme. Ideologisch gezien was het Katsurapaleis volgens Taut een uniek voorbeeld van een samenleving die bestaat uit onafhankelijke en vrije individuen, waarbij alle relaties tussen gebouwen en tuinen een harmonieuze eenheid vormen.[8]

Taut zag in Katsura elementen van de moderne architectuur, zoals rationaliteit, de afwezigheid van ornament, transparantie en de functionele vloeibaarheid van de plattegrond, maar wat hij het meest koesterde was juist dat de essentie van de natuur er was omgezet in vorm. Taut ervoer keizerlijk paleis Katsura bijna als een kristallen huis — maar dan gemaakt van hout en gelegen in de landelijke omgeving van Kyoto.[9] Het was een verwerkelijking die heel dicht in de buurt kwam van de tuinstad die hij had geïllustreerd in *Die Auflösung der Städte*. De in *Alpine Architektur* beschreven reis naar het kristallen huis en de documentatie van Taut's tweede bezoek aan keizerlijk paleis Katsura vormen een merkwaardige parallel van vreugdevolle opluchting na doorstane ontberingen. In de verhalen van *Alpine Architektur* konden pelgrims de diep kalmerende meditatieve ervaring die het kristallen huis bood, pas bereiken na het beklimmen van een steil bergpad en het oversteken van een waterval. Evenzo ervoer Taut de diepe bevrijding en opluchting tijdens een theeceremonie in het Shokin-tei-theehuis van Katsura pas, nadat hij het geconcentreerd had benaderd via smalle stenen bruggetjes en stapstenen. Het mentale toevluchtsoord dat hij in het verleden had bedacht, werd in zijn politieke toevluchtsoord eindelijk bewaarheid.

Vertaling: InOtherWords, Maria van Tol

6
Bruno Taut, *Die Auflösung der Städte* (Berlijn: Gebr. Mann Verlag, 2000 [1920]).

7
Zie verschillende boeken uit de jaren 1930: Bruno Taut, *Das japanische Haus und sein Leben* (Berlijn: Gebr. Mann Verlag, 2000 [1937]); Bruno Taut, *Ich liebe die japanische Kultur: Kleine Schriften über Japan* (Berlijn: Gebr. Mann Verlag, 2003); Bruno Taut, *Nippon mit europäischen Augen gesehen* (Berlijn: Gebr. Mann Verlag, 2009 [1934]); Bruno Taut, *Japans Künst mit europäischen Augen gesehen* (Berlijn: Gebr. Mann Verlag, 2011).

8
Takashi Hasegawa, 'Nature, Garden City and Crystal House' in: Musashino Art University Taut Exhibition Committee (red.), *Bruno Taut 1880–1938* (Tokio: Musashino Art University, 1984), 54.

9
Takashi Hasegawa, 'Non-City or Witness of the Pastoral Landscape (1)', *SD: Space Design* 75 (1971), 98.

Sofia Singler

Melancholy Medicine
Remedying the Excess Optimism of Contemporary Renderings

That architecture continues to exist, perform and exert influence through the image – alongside and in lieu of the physical reality of buildings – is an age-old actuality, but the dominance of a fervently uniform mood of cheerfulness therein is a more recent phenomenon. Hot air balloons, skeins of birds and dreamy bursts of light are hackneyed tropes not just of commercials, but of the typical contemporary rendering. Remarkably homogeneous in their optimism, today's renderings depict, in their shininess and splendour, states of idealised harmony, where the complexities and contrapuntal notes of architecture and urbanism have been resolved into an unblemished denouement. An unending smile is a disquieting characteristic in a person; does architecture's perpetual jolliness not also reek of ill?

Studying such hyper-happy renderings, Hippocrates would diagnose contemporary society with excessively high blood concentrations, that is, being toxically sanguine in temperament. He would also propose a treatment: Hippocratean humourism suggests that excess sanguineness is cured by a dose of melancholy.

Illness, Intellectualism, or Both?

For a significant portion of Western European history, melancholy was a central cultural idea that framed social, medical and epistemological norms.[1] Today, it is a category of little public interest, confused with related but distinctly different conditions such as clinical depression and apathy – or, in aesthetics, characters of ruination and memorialisation.[2]

The word 'melancholy' comes from the Greek μέλαινα χολή, or *melaina chole*, later *melancholia*, 'black bile'. Premodern humourism sought to explain illness with reference to the levels of four bodily fluids, humours, in humans; pathological conditions were attributed to imbalances among the four.[3] Blood was associated with the sanguine, phlegm with the phlegmatic, yellow bile with the choleric and black bile with the melancholic temperament. The last was characterised by seriousness, quietness and introversion, as well as a preoccupation with suffering and justice.

Despite or indeed because of its rootedness in the sorrowful and dark, however, melancholy led to productive criticality – a facet contemporary misunderstandings tend to neglect.[4] It combined the emotional with the intellectual, and the sentimental with the analytical. If depression was 'melancholy minus its charms', then melancholy was depression plus charm.[5] By reason of its predilection for observing a broken world, melancholy inevitably resulted in bouts of sadness, but ultimately led to refined knowledge and understanding. Aristotle famously asked: 'Why is it that all men who have become outstanding in philosophy, statesmanship, poetry or the arts are melancholic, or are infected by the diseases arising from the black bile?'[6]

In the sixteenth and seventeenth centuries, melancholy's association with intellectualism furthered the cult of the artistic genius, contributing to the well-worn and partially still extant image of the lone, gloomy mastermind producing great works of art. Albrecht Dürer's *Melencolia* (1514) depicts Melancholy as a sage thinker engrossed in pensive

1
Robert Burton, *The Anatomy of Melancholy*, edited by Angus Gowland (London: Penguin, 2021 [1621]).

2
Jennifer Radden (ed.), *The Nature of Melancholy from Aristotle to Kristeva* (Oxford: Oxford University Press, 2000), 4–11.

3
It should be noted that melancholy has a near-exact counterpart in Indian Ayurvedic medicine, Chinese traditional medicine and other non-Western traditions.

4
Radden, *The Nature of Melancholy*, op. cit. (note 2), 12–17.

5
Susan Sontag, *Illness as Metaphor, and, AIDS and Its Metaphors* (London: Penguin, 1991), 23.

6
Aristotle, *Problems*, Vol. II (Cambridge, MA: Harvard University Press, 2011), 153.

Sofia Singler

Melancholie als medicijn
Het verhelpen van overmatig optimisme in hedendaagse *renderings*

Dat de architectuur bestaat, functioneert en invloed uitoefent via beelden — naast zowel als in plaats van via de fysieke werkelijkheid van gebouwen — is een eeuwenoude realiteit, maar dat zulke beelden worden gedomineerd door een uitgesproken uniform vrolijke stemming is een recenter fenomeen. Heteluchtballonnen, vogels in de vlucht en dromerig-sprankelend licht: het zijn afgezaagde stijlfiguren die niet alleen in reclames, maar ook in de typische hedendaagse *renderings* voorkomen. Computersimulaties zijn tegenwoordig opmerkelijk homogeen optimistisch en verbeelden in al hun pracht en praal een toestand van geïdealiseerde harmonie waarbij de complexiteit en contrapuntische noten van architectuur en stedenbouw zijn opgelost in een onberispelijk eindresultaat. Een eeuwig glimlachende mens is verontrustend; ruikt de eeuwige opgewektheid van de architectuur niet net zo kwalijk?

Hippocrates zou bij het bestuderen van dergelijke hypergelukkige simulaties de diagnose stellen, dat de huidige maatschappij aan een te hoge concentratie bloed lijdt, dat wil zeggen: aan een toxisch sanguinisch temperament. Hij zou ook een behandeling voorstellen: in Hippocrates' humorenleer wordt gesuggereerd dat een overmatig sanguinisch temperament kan worden genezen door een dosis melancholie.

Ziekte, intellectualisme, of allebei?

Gedurende een aanzienlijk deel van de West-Europese geschiedenis was 'melancholie' een centrale culturele notie die de basis vormde van maatschappelijke, medische en epistemologische normen.[1] Tegenwoordig is het een categorie waarvoor weinig publieke belangstelling bestaat en die vaak wordt verward met verwante, maar duidelijk verschillende toestanden als klinische depressie en apathie of, in de esthetiek, met karakteristieken van ruïnes en herdenking.[2]

Het woord 'melancholie' stamt af van het Griekse μέλαινα χολή, of *melaina chole*, later *melancholia*, 'zwarte gal'. De premoderne humorenleer probeerde ziekte te verklaren aan de hand van de mate waarin vier lichaamssappen, humoren, in de mens aanwezig waren; men schreef pathologische aandoeningen toe aan een gebrek aan evenwicht tussen deze vier humoren.[3] Bloed werd geassocieerd met het sanguinische; slijm met het flegmatische; gele gal met het cholerische en zwarte gal met het melancholische temperament, deze laatste gekenmerkt door ernst, rust en introversie, en een preoccupatie met lijden en rechtvaardigheid.

Ondanks of juist dankzij haar worteling in de droefenis en het duister leidde de melancholie echter tot productieve kritiek — een facet dat in hedendaagse misverstanden nogal eens over het hoofd wordt gezien.[4] De melancholie combineerde het emotionele met het intellectuele en het gevoelige met het analytische. Aangezien depressie werd gezien als 'melancholie zonder charme', werd melancholie opgevat als depressie met toegevoegde charme.[5] Door haar neiging de wereld als gebroken te beschouwen, resulteerde de melancholie onvermijdelijk in vlagen van droefheid, maar leidde zij uiteindelijk ook tot verfijnde kennis en begrip. Een van de beroemdste vragen van Aristoteles is, hoe het toch komt dat alle mensen

1
Robert Burton, *The Anatomy of Melancholy*, geredigeerd door Angus Gowland (Londen: Penguin, 2021 [1621]).

2
Jennifer Radden (red.), *The Nature of Melancholy from Aristotle to Kristeva* (Oxford: Oxford University Press, 2000), 4–11.

3
Opgemerkt zij dat de melancholie bijna exacte tegenhangers heeft in de Indiase Ayurvedische geneeskunde, in de Chinese traditionele geneeskunde en in andere niet-westerse tradities.

4
Radden, *The Nature of Melancholy*, op. cit. (noot 2), 12–17.

5
Susan Sontag, *Illness as Metaphor, and, AIDS and Its Metaphors* (Londen: Penguin, 1991), 23.

Lucas Cranach the Elder/ de Oudere, *Melancholy*/ *Melancholie*, 1532

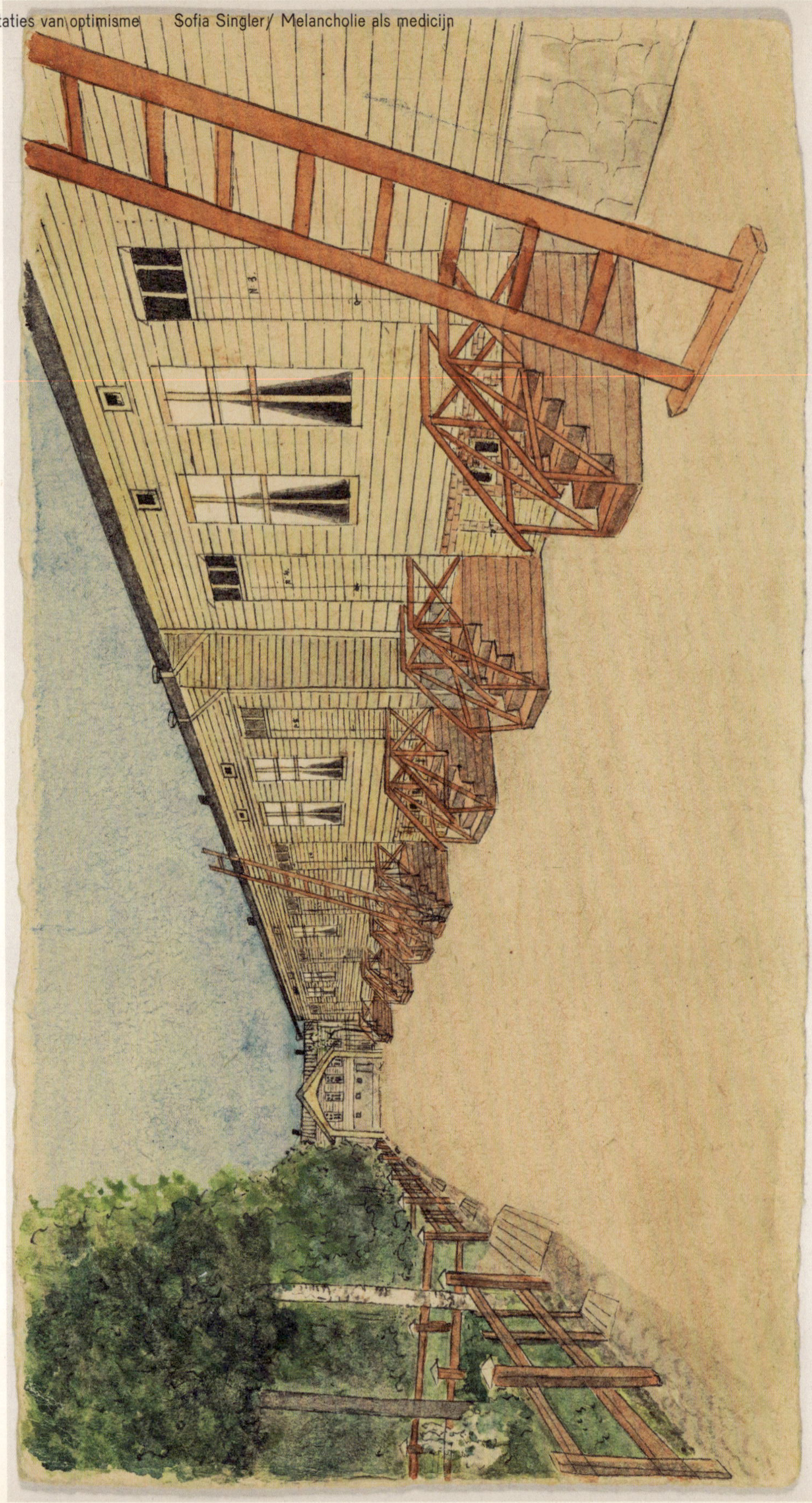

Olga Forslund, *Ruoholahdenkatu 19*, n.d./z.j.

contemplation. Lucas Cranach the Elder, in turn, in *Melancholy* (1532), renders the eponymous protagonist as a thoughtful figure analytically watching over a sphere — the Earth — with dancing putti, all of life's joys, beside it. By virtue of her thoughtful pose and careful mind, she keeps the beasts afar in the background and holds chaos at bay.

In the aristocratic courts of France, the intellectually laden, contradictory qualities previously associated with melancholy were substituted by sanitised, romanticised images of sweet sorrow. The need to appease the *haute monde* thrust the focus from previous topoi of pensive observation and subsequent civic engagement to bourgeois ennui. In essence, melancholy was reduced to apolitical, lacklustre gloom used for poetic effect in art. The Enlightenment's search for truth ought to have dovetailed with melancholy's rootedness in critique, but its emphasis on clear-cut order and morality in art bred suspicion towards melancholy's intrinsic ambivalence.

As Western medical knowledge rejected its ancient roots in favour of empirical research, melancholy became equated with delusion and depression. By the eighteenth and nineteenth centuries, melancholy had lost its association with creativity and critique, and was considered a physio-pathological disorder of the brain. In *Mourning and Melancholia* (1917), Sigmund Freud described mourning as a healthy response to the loss of something specific, but melancholy as a reaction to the loss of something obscure, unattainable or non-existent.[7] The latter's resistance to precisely determinable causal effect made it menacing.

It is important to distinguish between melancholy and the sublime on the one hand, and melancholy and nostalgia on the other. The sublime deals with extremes, melancholy with a contemplative in-between. Melancholy is not sparked by 'a note of surprise or terror that robs the beholder of breath; it begins, instead, with a sense of internal expansion'.[8] The productive capacity of the sublime lies in its transformation of initial awe to gratitude and appreciation in the beholder. As a less determinate aesthetic emotion, melancholy does not dictate specific emotional outcomes, but instead relies on reflection as a means to arrive at unspecified ends.[9]

Nostalgia, then, fetishises loss with passivity and longing. Melancholy, in contrast, takes to action and at least ponders, if not realises, change. Much like the sublime, nostalgia is more determined in character than melancholy, for it venerates pinpointed moments of the past as more valuable than the present. Melancholy is 'intellectually empowering' precisely because it remains suspended in a realm of 'aesthetic yearning' that is unattached to a particular time or place.[10] More about transmutation than pronouncement, melancholy 'enfigures a situation, constitutes a scene where certain kinds of images can be assembled, events of a certain kind can occur, and certain kinds of processes can transpire'.[11]

The Pictorial Tradition of Melancholy

The very first images in the melancholic tradition were depictions of Melancholy personified, and represented as one of the four humours in catalogue format. As an excess of black bile, she was linked to sombre tones, serious moods and murky affects, which permeated subsequent melancholic imagery for centuries to come. Michel Foucault, among others, listed coldness, blackness, dryness and heaviness as the key attributes shared by the melancholy humour and its namesake subjectivity, albeit constituting a 'qualitative coherence' rather than strict set of definitive characteristics.[12]

Other typically melancholic qualities include scalelessness, timelessness, uncanniness and sometimes even absurdity — qualities that evoke feeling, but rather than the awe of the sublime or the loss of nostalgia, a more nebulous nuance of the undetermined. Because melancholy is fundamentally linked to the contemplation of societal justice and civic values, morals and ethics, the city became the typical milieu for the melancholic image, fortifying melancholy's association with urban more than rural settings.

7
Sigmund Freud, *Mourning and Melancholia*, translated by Shaun Whiteside (London: Penguin Books, 2005).

8
Karen Lang, 'The Far in the Near', *Art Bulletin* 89 (2007), 26.

9
Emily Brady and Arto Haapala, 'Melancholy as an Aesthetic Emotion', *Contemporary Aesthetics* 1 (2003).

10
Michael Ann Holly, 'The Melancholy Art', *Art Bulletin* 89 (2007), 13.

11
Hayden White, 'The Dark Side of Art History', *Art Bulletin* 89 (2007), 22.

12
Michel Foucault, *Madness and Civilization: A History of Insanity in the Age of Reason*, translated by Richard Howard (New York: Vintage Books, 1965), 117–125.

die uitblinken in de filosofie, staatskunde, poëzie of kunsten een zwaarmoedig temperament hebben, met andere woorden, lijden aan ziekten die voortkomen uit de zwarte gal?[6]

In de zestiende en zeventiende eeuw bevorderde de associatie van melancholie met intellectualisme de cultus van het artistieke genie. Dit droeg bij aan het welbekende en deels nog steeds bestaande beeld van het eenzame, sombere, meesterwerken producerende supertalent. Op Albrecht Dürer's *Melencolia* (1514) staat de melancholie afgebeeld als een wijze denker die verzonken is in somber gepeins. Op Lucas Cranach de Oude's *Melancholy* (1532) wordt ze weergegeven als een bedachtzame figuur, haar analytische blik gericht op een bol — de Aarde — geflankeerd door een aantal cherubijnen — de vreugden des levens. Zij houdt dankzij haar bedachtzame houding en ordentelijke geest de beesten in de achtergrond — de chaos — op afstand.

Aan de aristocratische hoven van Frankrijk werden de intellectueel beladen, tegenstrijdige eigenschappen waarmee melancholie eerder werd geassocieerd, vervangen door steriele, geromantiseerde beelden van zoet verdriet. Om de *haute monde* te sussen, verlegde men de aandacht van eerdere clichés als peinzende observatie en het daaruit voortvloeiende burgerlijke engagement naar kleinburgerlijke verveling. In wezen werd de melancholie gereduceerd tot een apolitieke, matte somberheid die werd gebruikt voor poëtische effecten in de kunsten. De Verlichting had met haar zoektocht naar de waarheid perfect moeten aansluiten bij de kritische houding van de melancholie, maar haar nadruk op duidelijke orde en moraal in de kunsten wekte argwaan jegens de intrinsieke dubbelzinnigheid van de melancholie.

Toen de westerse medische kennis haar antieke wortels verwierp ten gunste van empirisch onderzoek, begon men melancholie gelijk te stellen met waan en depressie. In de achttiende en negentiende eeuw had de melancholie haar associatie met creativiteit en kritiek verloren, en werd ze beschouwd als een fysio-pathologische hersenaandoening. In *Mourning and Melancholia* (1917) beschreef Sigmund Freud de rouw als een gezonde reactie op het verlies van iets specifieks, maar melancholie als een reactie op het verlies van iets onduidelijks, onbereikbaars of illusoirs.[7] Hij vond de weerstand van de melancholie tegen een precies vast te stellen oorzakelijk verband bedreigend.

Het is belangrijk onderscheid te maken tussen de melancholie en het sublieme enerzijds, en de melancholie en de nostalgie anderzijds. Het sublieme heeft betrekking op uitersten; de melancholie op een beschouwelijk tussenin. De melancholie wordt niet veroorzaakt door 'een moment van verbazing of schrik dat de toeschouwer de adem beneemt', maar begint in plaats daarvan met 'een gevoel van innerlijke expansie'.[8] Het productieve vermogen van het sublieme ligt in de transformatie van aanvankelijk ontzag naar dankbaarheid en waardering in de toeschouwer. De melancholie is een minder vastomlijnde esthetische emotie die geen specifieke emotionele resultaten dicteert, maar in plaats daarvan vertrouwt op de reflectie als middel om ongespecificeerde doelen te bereiken.[9]

De nostalgie maakt een fetisj van verlies door dit te omkleden met passiviteit en verlangen. De melancholie onderneemt daarentegen actie en denkt na over, zo niet realiseert, verandering. Net als het sublieme heeft de nostalgie een vastomlijnder karakter dan de melancholie, want ze dweept met nauwkeurig omschreven momenten uit het verleden die waardevoller zijn dan het heden. De melancholie is daarentegen 'intellectueel bekrachtigend', omdat ze bestaat in een omgeving van 'esthetisch verlangen' die niet gebonden is aan een bepaalde tijd of plaats.[10] De melancholie is meer een kwestie van transmutatie dan van proclamatie en 'configureert een situatie, bouwt een scene op waar bepaalde soorten beelden kunnen samenkomen, gebeurtenissen van een bepaald type kunnen plaatsvinden en bepaalde soorten processen kunnen worden uitgerold'.[11]

6
Aristotle, *Problems* Vol. II (Cambridge, MA: Harvard University Press, 2011), 153.

7
Sigmund Freud, *Mourning and Melancholia*, vertaling Shaun Whiteside (Londen: Penguin Books, 2005).

8
Karen Lang, 'The Far in the Near', *Art Bulletin* 89 (2007), 26.

9
Emily Brady en Arto Haapala, 'Melancholy as an Aesthetic Emotion', *Contemporary Aesthetics* 1 (2003).

10
Michael Ann Holly, 'The Melancholy Art', *Art Bulletin* 89 (2007), 13.

11
Hayden White, 'The Dark Side of Art History', *Art Bulletin* 89 (2007), 22.

Sofia Singler, Clarinda Agricultural School, Iowa, 2016

Melancholic images are partially undone in the sense that they provoke questioning, awareness, doubt and even unease. Often, a melancholic image is seemingly incomplete, abstaining from comprehensiveness in order to grant viewers the possibility, and responsibility, to complete the scene themselves. In this respect, melancholy might contribute to the contemporary promotion of 'participatory' engagement. Today's typical rendering, in contrast, aims for determined specificity. 'Photorealistic' images of architectural and urban space leave no room for melancholy to operate in, because they tell us too much, and thus compromise melancholy's agency as a vehicle for unconstrained cogitation. Un-melancholic renderings present architecture and urbanism 'ready': construction completed, spaces inhabited, critical acclaim apparently deserved.

The predilection for hyper-precision — or 'preset realism', to borrow Sam Jacob's term — fuels excess cheerfulness, the most obviously counter-melancholic trait of all.[13] When too many details need to be delineated too early in the design process, awkwardness inevitably ensues. The temptation becomes to hide the resultant crinkles behind veils of 'happy people' and 'happy scenes'. Hence the tragicomic density of purportedly happy references, or perhaps more accurately, props: laughing children pointing to butterflies as they queue up to the ice cream van. Excess perfection blinds viewers from perceiving alternate outcomes, and from pursuing their realisation through debate, which necessitates a degree of indeterminacy to carry real power.

Even at their most precise, melancholic renderings seek to depict scenes 'as are' or 'as found', faithful to some degree of ostensibly realist detail, but motionless. Viewers must conjure and believe in the possibility of desirable outcomes assuming form, but nothing is guaranteed. For this reason, melancholy images typically imply inhabitation through material traces, tangible objects or residues of movement — a parked bicycle, half-weeded flowerbeds, a door left tantalisingly ajar. Where, rarely, people appear directly, they do so as silhouettes, shades or inchoate outlines, consciously disjoined from any recognisable identities.

Naive elements are also common in melancholic representation. Simplified representation — a language of outlines and infills, plainness and flatness, somewhat 'archetypal' in recognisability, in the Jungian sense — draws simultaneously from traditions of representational and abstracted illustration. Mediating between the two allows for melancholic images to anchor themselves in productive familiarity while eschewing the pitfalls of predetermination.

The Melancholy Cure

If we flatten melancholy into nothing more than a sombre mood, yearning for its reinstatement represents but an aesthetic preference. But if we recognise melancholy's moral and ethical agency, its denial in mainstream renderings becomes not only lamentable but dangerous. Thanks to its alignment with active critique rather than passivity, melancholy holds the key to changing the built environment, and by extension, communal life at large. In its absence, we risk compromising the debate and enquiry that it cultivates.

One might point to fogginess, dramatic shadows, ruinous backdrops or other seemingly melancholic assets sometimes employed in renderings as melancholy redux. Sombre photography, similarly, might suggest a degree of melancholic dissidence against hyper-optimism. 'Ruin porn', for instance, documents dilapidated towns and ghost cities in resolutely non-jovial terms.[14] Such images, however, offer direct commentary more than questioning: lamentation is a fait accompli. An image may possess melancholic qualities, but if it imposes excess definitiveness on the viewer, it rejects melancholy's inherent indeterminacy. Categorisation depends more on overall ethos than aesthetic attributes.

More resonant traces of melancholy are found in 'post-digital' visualisation. Replacing perspectival verisimilitude and fidelity to detail with fresco-like planarity and abstraction, these images consciously disavow the precision promised by sophisticated image software, either rejecting such programs entirely or subversively employing them in direct rebellion against their *raison d'être*. More collage than simulation, post-digital representation 'absolves itself of objective judgment by asserting its artificiality'.[15] Nevertheless, critics have rightly noted that 'post-digital' representation has appeared

13
Sam Jacob, 'Rendering: The Cave of the Digital', *e-flux* (February 2018), online publication.

14
Siobhán Lyons (ed.), *Ruin Porn and the Obsession with Decay* (Basingstoke: Palgrave Macmillan, 2018).

15
Lane Raffaldini Rubin, 'We Will Never Be Post-Digital: Collage Since Photoshop' (2017), online publication.

De picturale traditie van de melancholie

De allereerste afbeeldingen in de melancholische traditie waren afbeeldingen van de melancholie als persoon, voorgesteld als een van de vier humoren in een catalogusformule. De melancholie werd gezien als een teveel aan zwarte gal en daarom gekoppeld aan sombere tinten, ernstige stemmingen en duistere affecten, die de latere melancholische beeldtaal eeuwenlang zouden doordringen. Volgens onder meer Michel Foucault waren koude, donkerte, droogte en zwaarte de belangrijkste kenmerken die het melancholische lichaamssap en de gelijknamige subjectiviteit gemeen hebben, zij het dat er eerder sprake is van een 'kwalitatieve samenhang' dan van een welomschreven geheel van definiërende kenmerken.[12]

Andere typisch melancholische eigenschappen zijn schaalloosheid, tijdloosheid, geheimzinnigheid en soms zelfs absurditeit. Dit zijn eigenschappen die gevoelens oproepen, maar dan niet het gevoel van ontzag dat het sublieme oproept, of het gevoel van verlies dat de nostalgie oproept. Het gaat eerder om een nevelige nuance van onbepaaldheid. Doordat de melancholie fundamenteel verbonden is met de contemplatie van maatschappelijke rechtvaardigheid en burgerlijke waarden, moraal en ethiek, werd de stad de typische omgeving van de melancholische afbeelding, wat de associatie van melancholie met de stedelijke in plaats van de landelijke omgeving nog versterkte.

Melancholische beelden zijn gedeeltelijk onaf, in die zin dat ze vragen, bewustzijn, twijfel en zelfs onbehagen oproepen. Melancholische afbeeldingen lijken vaak onvolledig; ze zijn bewust niet compleet om de kijkers de mogelijkheid, en de verantwoordelijkheid, te bieden de scène zelf te voltooien. In dit opzicht zou de melancholie kunnen bijdragen tot de hedendaagse bevordering van 'participerend' engagement. De typische *rendering* van vandaag streeft echter naar een gedetermineerde specificiteit.

In 'fotorealistische' afbeeldingen van architectonische en stedelijke ruimten is geen plaats voor de melancholie. Ze vertellen ons te veel en en beknotten zo de kracht van de melancholie als vehikel voor ongebreidelde reflectie. Niet-melancholische computersimulaties presenteren architectuur en stedenbouw als 'af': de bouw is voltooid, de ruimten zijn bewoond, de enthousiaste kritieken kennelijk verdiend.

De voorkeur voor hyperprecisie — of 'voorgeprogrammeerd realisme', om met Sam Jacob te spreken — voedt een overdreven vrolijkheid, de meest voor de hand liggende anti-melancholische eigenschap die er bestaat.[13] Wanneer er te vroeg in het ontwerpproces te veel details moeten worden uitgewerkt, ontstaat er onvermijdelijk wrijving. De verleiding wordt dan groot om de resulterende plooien glad te strijken door ze te verbergen achter sluiers van 'vrolijke mensen' en 'vrolijke taferelen'. Vandaar de tragikomische dichtheid aan zogenaamd vrolijke referenties, of misschien beter gezegd, rekwisieten: lachende kinderen die naar vlinders wijzen, terwijl ze in de rij staan voor de ijscokar. Excessieve perfectie weerhoudt kijkers ervan om alternatieve mogelijkheden te zien, en de verwezenlijking ervan na te streven door middel van een debat, dat immers een zekere mate van onbepaaldheid nodig heeft om echt krachtig te kunnen zijn.

Zelfs in hun meest nauwkeurige vorm, proberen melancholische simulaties scènes weer te geven 'zoals ze zijn' of 'zoals ze worden aangetroffen', trouw aan een zekere mate van ogenschijnlijk realistisch detail, maar bewegingloos. Het is aan de kijkers zelf om de mogelijkheid op te roepen en erin te geloven dat het gewenste eindresultaat ook vorm zal krijgen, maar niets is gegarandeerd. Dit is waarom in melancholische afbeeldingen bewoning meestal wordt geïmpliceerd door middel van materiële restanten, tastbare objecten of sporen van beweging — een geparkeerde fiets, half gewiede bloemperken, een deur die op een kier staat. Mensen verschijnen zelden rechtstreeks, maar soms wel als silhouetten, schaduwen of onbestemde contouren, bewust losgekoppeld van enige herkenbare identiteit.

Ook komen er in de melancholische voorstelling vaak naïeve elementen voor. De vereenvoudigde representatie — een taal van contouren en invullingen, vlakheid en platheid, qua herkenbaarheid enigszins 'archetypisch' in de Jungiaanse zin van het woord — put uit de tradities van zowel representatieve als geabstraheerde illustratie. Door het midden te houden tussen deze twee, kunnen melancholische afbeeldingen verankerd worden in

12
Michel Foucault, *Madness and Civilization: A History of Insanity in the Age of Reason*, vertaling Richard Howard (New York: Vintage Books, 1965), 117–125.

13
Sam Jacob, 'Rendering: The Cave of the Digital', *e-flux* (februari 2018), online publicatie.

Lynch Architects, Victoria Street Library, London/ Londen SW1, 2007

een productieve vertrouwdheid en tegelijkertijd de valkuilen van de predeterminatie vermijden.

De melancholie als medicijn

Als we de melancholie vereenvoudigen tot niet meer dan een sombere stemming, is het streven naar het herstel ervan niet meer dan een esthetische voorkeur. Maar als we de morele en ethische daadkracht van de melancholie erkennen, wordt het niet alleen betreurenswaardig haar in gangbare *renderings* te ontkennen, maar zelfs gevaarlijk. Door samen te vallen met actieve kritiek in plaats van passiviteit, bezit de melancholie de sleutel tot verandering van de gebouwde omgeving en, sterker nog, van het gemeenschapsleven in het algemeen. In haar afwezigheid komen het debat en het onderzoek dat ze cultiveert in gevaar.

Mistigheid, dramatische schaduwen, ruïneuze achtergronden of andere schijnbaar melancholische elementen die soms in simulaties worden gebruikt, zouden kunnen worden gezien als *melancholia redux*. Ook kunnen sombere foto's een zekere melancholische afwijzing van het hyperoptimisme suggereren. Zo bestaat 'ruïneporno' bijvoorbeeld uit bepaald niet vrolijke afbeeldingen van vervallen stadjes en spooksteden.[14] Dergelijke afbeeldingen zijn echter eerder commentaren dan vragen: de droefheid is een voldongen feit. Een afbeelding kan melancholische eigenschappen bezitten, maar als zij de kijker een te grote mate van stelligheid oplegt, komt de inherente onbepaaldheid van de melancholie te vervallen. Categorisering hangt sterker af van een algemeen ethos dan van esthetische kenmerken.

Sterker resonerende sporen van melancholie zijn te vinden in post-digitale visualisaties. Door perspectivische waarheids- en detailgetrouwheid te vervangen door een fresco-achtige vlakheid en abstractie wijzen deze afbeeldingen bewust de door geavanceerde beeldsoftware beloofde precisie af. Of ze verwerpen dergelijke programma's volledig, of ze maken er op subversieve wijze gebruik van, in directe rebellie tegen hun *raison d'être*. Post-digitale representaties zijn eerder collages dan simulaties; ze 'ontslaan zichzelf van een objectief oordeel door hun kunstmatigheid te bevestigen'.[15] Niettemin hebben critici terecht opgemerkt dat post-digitale representatie lijkt samen te smelten tot een stijl, waarmee ze haar zelfgekozen ambitie verraadt om zich te verzetten tegen de commerciële homogeniteit en het kritiekloze optimisme van de gemiddelde 'schijnschone' *rendering*.[16] Tegenculturen gaan uiteindelijk zo vaak tegen zichzelf in.

Hoe de melancholische remedie tegen het hedendaagse hyperoptimisme er precies uitziet, wordt daarom — productief en noodzakelijkerwijs — in het midden gelaten. Het kan gaan om een selectieve incorporatie of toegevoegde laag van melancholische elementen op een voor het overige meer typische *rendering*; het kan gaan om een verdere evolutie van de post-digitale tekening; of om geen van beide. Er bestaat geen sjabloon of gereedschapskist om melancholische registers aan te brengen in architectonische representaties — er is alleen de ethische plicht om vragen te stellen, eerder dan ze te beantwoorden, en de druk van het opgeklopte optimisme te weerstaan.

De sleutel is te vinden in de toegewijde productie van beelden waar bewust wordt afgezien van het verleiden van het publiek, en waar mogelijkheden worden geschetst in plaats van verhoopte resultaten voorgeschreven.

Als een krachtige tussenpositie die bemiddelt tussen en voorbij de grenzen van het sublieme en de nostalgie, utopie en dystopie, klaagzang en vreugde, baant de melancholie zich een weg door 'een wereld, niet van profetische extase of sombere meditatie, maar van verhoogde gevoeligheid, waar zachte klanken, zoete parfums, dromen en landschappen zich vermengen met duisternis, eenzaamheid en zelfs verdriet, en weet ze door deze bitterzoete tegenstelling het zelfbewustzijn te vergroten'.[17] De melancholie moet weer een integraal onderdeel van onze culturele psyche worden en dus, noodzakelijkerwijs, een rol gaan spelen in onze creatieve inspanningen — met name in de representatie van de architectuur en stedenbouw in beelden.

Vertaling: InOtherWords, Maria van Tol

14
Siobhán Lyons (red.), *Ruin Porn and the Obsession with Decay* (Basingstoke: Palgrave Macmillan, 2018).

15
Lane Raffaldini Rubin, 'We Will Never Be Post-Digital: Collage Since Photoshop' (2017), online publicatie.

16
Ibid; Swarnabh Ghosh, 'Can't Be Bothered: The Chic Indifference of Post-Digital Drawing', *Metropolis Magazine*, 1 augustus, 2018, online publicatie.

17
Raymond Klibansky, Erwin Panofsky en Fritz Saxl, *Saturn and Melancholy: Studies in the History of Natural Philosophy, Religion and Art* (Cambridge: Thomas Nelson and Sons, 1964), 230.

to coalesce into a style, thereby betraying its self-defined ambition to resist the commercial homogeneity and uncritical optimism of mainstream 'glossy' renderings.[16] Countercultures so often end up countering themselves.

What exactly the melancholy cure to contemporary hyper-optimism looks like is therefore held in abeyance — productively, and necessarily, so. It could be a selective incorporation or overlay of melancholy traits onto an otherwise more typical rendering; it could be a further evolution of the 'post-digital' drawing; or neither. There is no set template or toolkit for establishing melancholy registers in architectural representation — there is only the ethical mandate to ask rather than answer questions, and to resist the oppression of excess optimism.

The key is to commit to the production of images that consciously abstain from alluring audiences, and that submit to outlining possibilities instead of dictating hoped-for outcomes.

As a potent interstitial stance mediating between and beyond the boundaries of the sublime and nostalgia, utopia and dystopia, and lamentation and joy, melancholy navigates 'a world of neither prophetic ecstasy nor brooding meditation, but of heightened sensibility where soft notes, sweet perfumes, dreams and landscapes mingle with darkness, solitude and even grief itself, and by this bitter-sweet contradiction serve to heighten self-awareness'.[17] There is a need for the reinstatement of melancholy as an integral part of our cultural psyche, and thus necessarily also as part of our creative endeavours — in particular, the representation of architecture and urbanism in images.

16
Ibid; Swarnabh Ghosh, 'Can't Be Bothered: The Chic Indifference of Post-Digital Drawing', *Metropolis Magazine*, 1 August 2018, online publication.

17
Raymond Klibansky, Erwin Panofsky and Fritz Saxl, *Saturn and Melancholy: Studies in the History of Natural Philosophy, Religion and Art* (Cambridge: Thomas Nelson and Sons, 1964), 230.

Giulia Conti

Inside Outside's ode aan het leven voor Genua
Een kleurrijke 'inslag' voor herstel

Petra Blaisse, sketch for green stripes for/ schets met de groene stroken voor Polcevera Park in Genoa/ Genua, 2019

Giulia Conti

Inside Outside's Ode to Life for Genoa
A Colourful Weft for Rebirth

On moving along a transient balance between demolition and construction, anthropic action and spontaneous nature, sterility and growth, Petra Blaisse addresses this essential bond by unveiling her personal optimistic vision for the Polcevera valley regeneration in Genoa. 'In this case we have to demolish to create optimism and open the crust of human intervention that kills everything in the valley.'[1] She does so with a meticulous 'dictionary' of signs and an incisive palette, between abstraction and reality.

The Tragedy Genoa Had to Face

On 14 August 2018, the city of Genoa was stricken by the tragic collapse of one span of the Morandi Bridge, a stretch of motorway crossing the inhabited valley beneath it between the quarters of Sampierdarena and Cornigliano. All 43 victims were driving across the bridge as part of their daily routine. The ensuing reconstruction project was focused on how to react to that agonising event and to spread a sense of rebirth after that catastrophe, but, at the same time, to make it a viable solution to remove mobility obstacles that have always affected this area.

As part of a broader team led by Italian architect Stefano Boeri, Petra Blaisse and Jana Crepon of Inside Outside were responsible for the landscape design of a new park. Their proposal combines the image of a memorial with a message of hope for a new future in that area. The project emphasises the identity of the place as the engine for an all-embracing process of regeneration, not only for the people, but also for the soil, the water-absorption system and the valley itself.

A Colourful Carpet for the Valley

The very first presentation drawings by Inside Outside display a strong, optimistic narrative anticipating a fascinating story for the new valley. Not only do they highlight the basic concept for the park, they also share a vivid, optimistic message. Blaisse herself refers to the project as a carpet spread between the mountains, a cloth with different yarns and textures.[2] The park represents a 'dream' in contrast with the asphalt nightmare that characterises the existing neighbourhood.

These preliminary sketches contain the essence of the design proposition, hiding the complexity of the project under the evident simplicity of representation. With just a few lines, the setup of the plan is disclosed: the entire composition gets its undeniable linearity from two layers that are present today: the Polcevera Creek, which represents a natural limit, and the train tracks, which define an artificial impassable barrier. Both will become parks in the renewed valley: the 'water park' and the 'train park' preserve the memory of what was there, and they become renovated remnants of a new dynamic carpet of pathways, running enthusiastically under the bridge standing out above.[3] Their long-distance dialogue defines a linear pattern that is fundamentally preserved, articulating a series of linear parks between them. Far from stressing their origins, Inside Outside inverts the impact of both linear elements and turns constraints into catalysing forces of renewal. The section sketch shows each autonomous line as part of a solid system of cooperating parts: we can appreciate the continuous landscape with an enormous, hyper-stylised white bridge — not unlike a SUPERSTUDIO Continuous Monument — as a background to quite childish depictions of houses and trees.

Echoing the bright, colourful fabrics of Josef Frank as well as his non-formalist approach to design, the park creates a huge fluent weft sewn as an apparent connection between the western industrial area and the residential settlements to

1
Petra Blaisse interviewed by the author, 2 June 2022.

2
Ibid.

3
Renzo Piano designed the new St George viaduct.

Al balancerend tussen slopen en bouwen, menselijk ingrijpen en levende natuur, steriliteit en groei, illustreert landschapsarchitecte Petra Blaisse de innige band tussen deze begrippen in haar persoonlijke, optimistische visie op de vernieuwing van de Polcevera-vallei in Genua. 'In dit geval moeten we slopen om optimisme te creëren en de korst van menselijk ingrijpen open te breken, die alles in de vallei verstikt.'[1] Dat doet ze met een zorgvuldig arsenaal aan tekens en een haarscherp palet, tussen abstractie en werkelijkheid.

De tragedie die Genua overkwam

Op 14 augustus 2018 werd de stad Genua getroffen door de tragische ineenstorting van één overspanning van de Morandi-brug, een stuk snelweg dat de bewoonde vallei tussen de wijken Sampierdarena en Cornigliano overbrugt. Alle 43 slachtoffers maakten dagelijks gebruik van de brug. Het wederopbouwproject moest een reactie vormen op die pijnlijke gebeurtenis en na de catastrofe een gevoel van vernieuwing en wedergeboorte brengen, maar tegelijkertijd een duurzame oplossing bieden voor de mobiliteitsproblemen waarmee dit gebied altijd te kampen heeft gehad.

Als leden van een uitgebreider team onder leiding van de Italiaanse architect Stefano Boeri, waren Petra Blaisse en Jana Crepon van Inside Outside verantwoordelijk voor het landschapsontwerp voor een nieuw park. Hun voorstel combineert het idee van een memoriaal met een boodschap van hoop voor een nieuwe toekomst in het gebied. Het project benadrukt de identiteit van de plek als motor voor een allesomvattend proces van regeneratie, niet alleen ten behoeve van de mensen, maar ook voor de bodem, het waterabsorptiesysteem en de vallei zelf.

Een kleurrijk tapijt voor de vallei

De allereerste presentatietekeningen van Inside Outside tonen een sterk, optimistisch narratief dat een fascinerende toekomst voor de nieuwe vallei vooropstelt. Niet alleen wordt het basisconcept voor het park belicht, de tekeningen verspreiden ook een levendige, optimistische boodschap. Blaisse zelf refereert aan het project als een tussen de bergen gespannen tapijt, een uit verschillende garens en texturen bestaand doek.[2] Het park vertegenwoordigt een 'droom' die het tegenovergestelde is van de asfaltnachtmerrie die de bestaande wijk kenmerkt.

Deze voorlopige schetsen bevatten de essentie van het ontwerpvoorstel en verbergen de complexiteit van het project onder de vanzelfsprekende eenvoud van de afbeeldingen. Met behulp van slechts enkele lijnen wordt de opzet van het plan onthuld: de hele compositie ontleent haar duidelijke lineariteit aan twee lagen die ook nu al aanwezig zijn: die van de beek de Polcevera, die een natuurlijke grens vormt, en die van de treinsporen die een kunstmatige, onoverbrugbare barrière vormen. In de vernieuwde vallei worden beide parken: een 'waterpark' en een 'treinpark', die de herinnering bewaren aan wat er vroeger was en als gerenoveerde restanten opgaan in een nieuw dynamisch tapijt van paden, die enthousiast onder de brug door lopen.[3] Hun onderlinge dialoog-vanaf een afstand definieert een lineair patroon dat in principe behouden blijft, en een reeks lineaire parken tussen beide in beschrijft. Inside Outside ziet ervan af hun oorsprong te accentueren en keert in plaats daarvan het effect van beide lineaire elementen om — beperkingen veranderen in katalyserende, vernieuwende krachten. Op de dwarsdoorsnede is elke autonome lijn weergegeven als onderdeel van een solide systeem van samenwerkende delen: we zien een doorlopend landschap waar een enorme, hypergestileerde witte brug boven hangt — een beetje zoals een Continuous Monument van SUPERSTUDIO — als een achtergrond voor tamelijk naïeve voorstellingen van huizen en bomen.

In het ontwerp resoneren zowel de heldere, kleurrijke stoffen van Josef Frank als zijn niet-formalistische benadering van ontwerpen: het park ziet eruit als een enorm vloeiend weefsel, dat een kennelijke verbinding legt tussen het industriegebied in het westen en de woonwijken in het oosten.[4] In de loop van de tijd zal het landschap tot bloei komen en in de loop van de seizoenen zal het hele palet veranderen. Blaisse is zich ervan bewust dat de verschillende kleuren

1
Petra Blaisse in een interview met de auteur, 2 juni 2022.

2
Ibid.

3
Renzo Piano ontwierp het nieuwe Sint-George-viaduct.

4
Christoph Thun-Hohenstein, Hermann Czech en Sebastian Hackenschmidt (red.) *Josef Frank: Against Design: The Architect's Anti-Formalist Oeuvre* (Basel/Wenen: Birkhäuser/MAK, 2016).

Petra Blaisse, sketch for section of Polcevera Park with the St George viaduct in the background/
schets met doorsnede van Polcevera Park met het San Giorgio viaduct op de achtergrond, **2019**

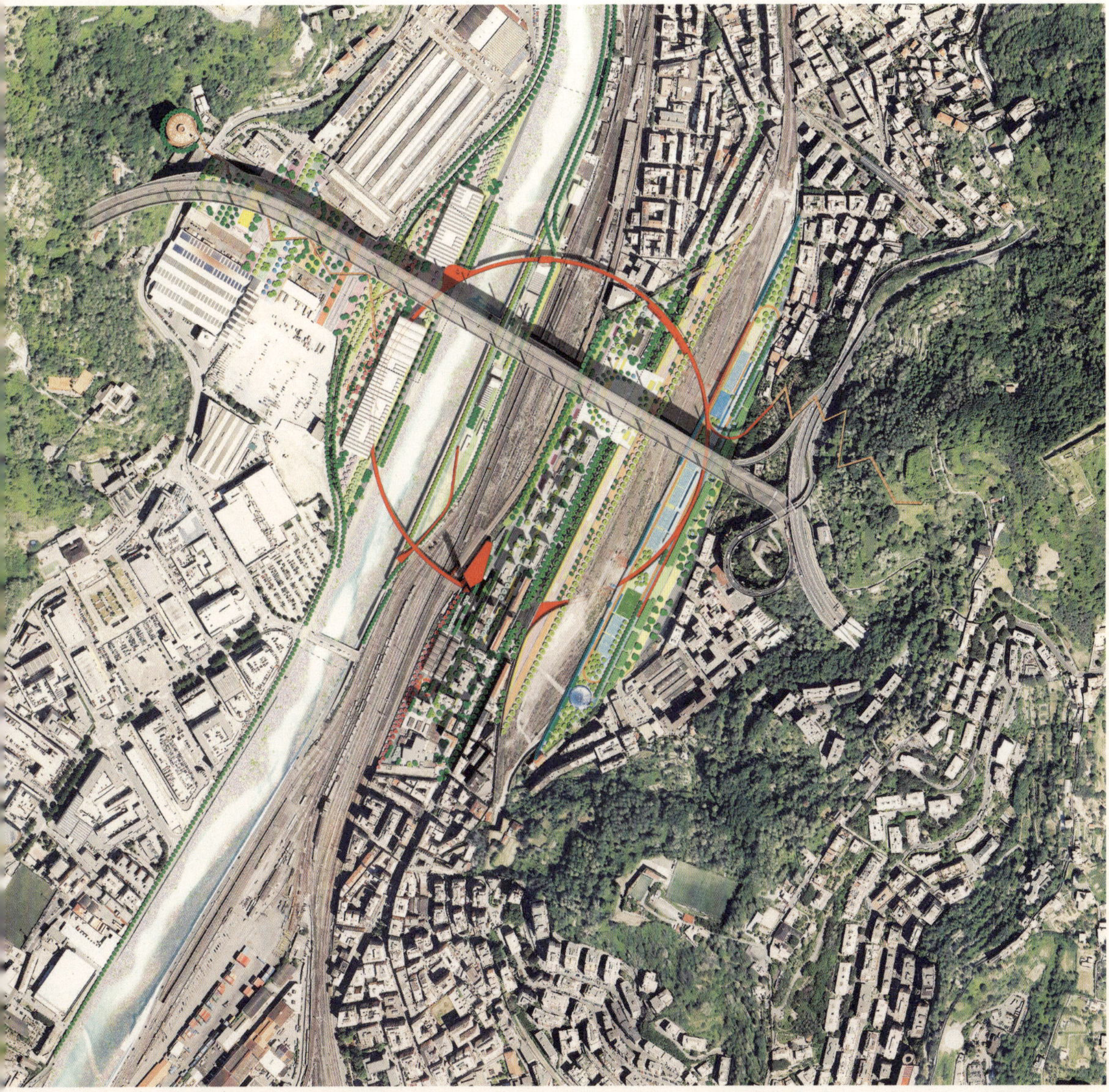

Stefano Boeri Architetti, Metrogramma, Inside Outside, master plan for The Polcevera Park and The Red Circle project in Genoa/
Genua, **proposal for competition/** prijsvraag, **2019**

Inside Outside | Petra Blaisse, plan for western side of Polcevera Park with different paths details and the gasometer, competition proposal/ ontwerp voor de westkant van Polcevera Park met verschillend uitgewerkte paden en de gashouder, prijsvraag, **2019**

Stefano Boeri Architetti, Metrogramma, Inside Outside, aerial view of The Polcevera Park and The Red Circle project in Genua, competition Proposal/ luchtbeeld van Polcevera Park en het Red Circle project in Genua, prijsvraag, **2019**

the east.[4] Evolving landscapes will blossom over time into an encouraged growth, changing the overall palette throughout the seasons. Conscious of the unpredictability of actual shades of greenery evolution over time after implementation, Blaisse reflects on a precise message to communicate rather than realism in representation. This is reflected in the choice of warm shades for sketches, and the merely symbolic value of the drawings. Colours and drafted sketches allow us to immediately perceive the explosive sense of fertile growth, rich in green species and path varieties. We don't look for sterile — although necessary — reconstruction, as in the upper bridge: we search for a reassuring new 'spring' for a critical area. And that is what she is trying to offer.

Drawing Connections

Nevertheless, the immediate and pure optimistic message of 'drawing connections' expressed in the park sketches deals with reality and triggers an insidious tension with the tangible aim to 'realise connections', disclosing the possible abstraction of its intentions versus results. The present state of abandonment and stasis of the valley after four years, due to missing private loans that would fund the start of most of the building site, contributes to raise *aporias* over the in-built image that the area will assume.

Extended greenery growing over time could become a central crux in terms of feasibility against representation. Huge belts of parkland overflowing the valley may not really distance themselves from that 'crust of human intervention' the project proposes to demolish: although they don't 'kill everything', they still erase some intrinsic, deeply rooted pre-existences. Their invasive realisation and high maintenance, if underattended, could quickly restore the current condition of grey desolation rather than implementing the vital coloured drawn version.

Moreover, the actual pedestrian/cycling connection of the 'Red Circle' — represented on drawings as a naive sign emphasising the power of cohesion both with the valley and the park — could have its 'embracing' aim questioned, once it takes its shape as an element not embedded in the ground. It could possibly become a renovated oppressive infrastructure, partially distancing people from what would be the only public garden in the whole valley, thus reversing the architects' optimistic intentions.

The acclaimed Italian 'Genoa model', a quick way out of disaster, could give rise to some internal contradictions.[5] It could have accommodated the minimum standard requirement for the Morandi Bridge reconstruction and still not have activated that more complex process of rebirth. In this sense, the Polcevera regeneration, if not deeply addressed to its tangible results over prophetic images — although necessary as a clear communicative approach — could introduce some unexpected effects, even opposite to the desired ones. This would expose the whole project to the risk of being overwhelmed by reality and becoming just a captivating exercise with optimistic purposes left on the drawing board.

4
Christoph Thun-Hohenstein, Hermann Czech and Sebastian Hackenschmidt (eds.), *Josef Frank: Against Design: The Architect's Anti-Formalist Oeuvre* (Basel/Vienna: Birkhäuser/MAK, 2016).

5
The name contains the legislation issued in 2018 in order to simplify the complex authorisation system for large public infrastructure.

groen onvoorspelbaar zijn en dat de beplanting zich na uitvoering anders kan voordoen, waardoor ze vooral inzet op het communiceren van een specifieke boodschap in plaats van op een realistische weergave. Het is te zien aan de keuze voor warme tinten voor de schetsen en voor de tekeningen die alleen symbolische waarde hebben. De kleuren en de schetsen stellen ons onmiddellijk in staat om zich het explosieve gevoel van vruchtbare groei en de rijkdom aan groene beplanting en paden te verbeelden. We zijn niet op zoek naar een steriele — hoewel noodzakelijke — reconstructie, zoals bij de brug erboven, maar we zoeken naar een geruststellende nieuwe 'lente' in een kritieke zone. En dat is wat zij ons probeert te geven.

Verbindingen leggen

Echter, de onmiddellijke en puur optimistische boodschap van 'verbindingen leggen', zoals in de parkschetsen tot uitdrukking komt, heeft met de werkelijkheid te maken en dit roept een verraderlijke spanning op met het tastbare doel om 'verbindingen te realiseren', wat de mogelijke abstractie blootlegt van intenties versus resultaten.

Na vier jaar is de huidige staat van de vallei er een van verlatenheid en stagnatie, door het ontbreken van particuliere leningen om de start van het grootste deel van het bouwproject mee te financieren, wat bijdraagt aan gevoelens van twijfel over het ingebakken imago van het gebied.

Het uitgestrekte groen dat zich na verloop van tijd zal gaan verspreiden, kan een centrale rol gaan spelen in termen van haalbaarheid versus representatie. De enorme parkstroken die de vallei in stromen, kunnen zich misschien niet werkelijk distantiëren van die 'korst van menselijk ingrijpen' die het project juist wil afbreken. Hoewel ze niet 'alles in de vallei verstikken', wissen ze toch een aantal intrinsieke, diepgewortelde dingen die er al waren uit. Hun invasieve realisatie en het groot onderhoud dat ze vergen zouden, als er te weinig aandacht aan wordt besteed, de huidige grijze, desolate toestand snel kunnen doen terugkeren, in plaats van de levendige gekleurde getekende versie te implementeren.

Bovendien zou je vraagtekens kunnen zetten bij de 'omarmende' beweging van de eigenlijke voetgangers-/fietsverbinding van de 'Red Circle' — die op tekeningen wordt voorgesteld als een naïef symbool dat de krachtige samenhang tussen vallei en park benadrukt — als deze de vorm aanneemt van een element dat niet in de grond is verankerd. Het is best mogelijk dat die verbinding een hernieuwd, bedrukkend stuk infrastructuur wordt dat de mensen deels op afstand houdt van wat dan de enige openbare tuin in de hele vallei zal worden, en daarmee de optimistische bedoelingen van de architecten in feite terugdraait.

Het veelgeprezen Italiaanse 'Genua-model', een snelle uitweg uit een ramp, kan aanleiding geven tot een aantal interne tegenstrijdigheden.[5] Het was mogelijk om aan de minimale eis van de wederopbouw van de Morandibrug te voldoen, zonder het meer complexe proces van wedergeboorte echt op te starten. In die zin zou de regeneratie van de Polcevera-vallei, door voorrang te geven aan tastbare resultaten boven profetische beelden (die evenwel nodig waren voor een heldere communicatie) een aantal onverwachte effecten hebben kunnen sorteren, zelfs tegengesteld aan de gewenste. Wat het hele project zou blootstellen aan het risico, overweldigd te worden door de realiteit en als een boeiende oefening in optimisme op de tekentafel te blijven liggen.

Vertaling: InOtherWords, Maria van Tol

5
De naam verwijst naar de wet uit 2018 om het complexe vergunningenstelsel voor grote openbare infrastructuur te vereenvoudigen.

Alessandro Canevari and Davide Servente

Optimistic Roof Gardens
Manhattanism's Prolegomena

Francis H. Kimball and/ en Thomas Wisedell, The Casino Theatre, 1404 Broadway and West 39th Street, New York City, c. 1900

Alessandro Canevari en Davide Servente

Optimistische daktuinen
De prolegomena van het Manhattanisme

At the dawn of the twentieth century, the spirit of Babylon is reborn on the new continent overlooking the Atlantic. New York is the archetype of the optimistic metropolis, where everything appears out of proportion – more glittering, contradictory and irresistibly grandiose than anywhere else. The city, the new centre of the world, unfolds on a strip of land surrounded by water. Geographical limitations and the relentless demand for space are a difficult equation to balance. Competition for access to the island is an economic problem even before it is one for urban planning.[1] Quickly, even the most representative buildings will be replaced by tall edifices capable of making better use of the land, pushing land values sky-high. The epitome of this city's pride will be the delightful verdant oases that will defy gravity by scraping the sky.

Theatrical impresario Rudolph Aronson dreams of importing the theatre gardens in vogue in Europe to Broadway, recreating the Parisian atmosphere of the Café des Ambassadeurs. Aware that in Manhattan this activity would have wasted precious developable land, he builds it on the roof of his theatre, profiting from an unused space on a built lot.[2] The first roof garden for public use in all of New York thus appears in 1883 at the southeast corner of 39th Street and Broadway. The roof of the Casino Theatre is a pioneering example of artificial land, a balancing act between supply and demand for space on this island where everyone wants to be.

The act of 'creating' land will form the basis of the idea of the skyscraper. Thanks to technical advances, it will allow the stacking of new land *usque ad sidera* – as in the cartoon by Alanson B. Walker, which multiplies the same lot 'less than a mile above Broadway, only ten minutes by elevator', producing 'virgin sites'.[3]

The metal staircases along the neo-Moorish façades of the Casino Theatre connect the street to the roof from the outside, transforming it into an extension of the urban space – an elevated square enlivened by a French café. Illuminated by hundreds of faint light bulbs, the roof garden comes to life after summer sunsets, expanding the theatre's offering to include another world to be experienced, simultaneously hidden and open to the rest of the city.

Optimism fuels the progressive emergence of eclectic roof gardens along Broadway – from Madison Square up to Columbus Circle, transforming an idea born for business into a cultural phenomenon with architectural value.[4] Reminiscent of the Italian Renaissance, Madison Square Garden by McKim, Mead & White (1892) places a roof garden at the base of a tower inspired by Seville's Giralda that is extremely popular among high society. Not even the murder of White himself one evening in 1906 will undermine its success.[5] Indeed, it will increase it.

Proof of the phenomenon's popularity, the Paradise Roof Garden (1899) between 42nd Street and 7th Avenue extends over two adjacent theatres, the Victoria and the Republic. Once again, a theatrical impresario, Oscar Hammerstein, creates a flexible theatrical machine on the roof, blurring the boundary between stage and audience. Here, Hammerstein reconstructs a sort of diorama inspired by the stereotypical Dutch countryside: an *ante litteram* theme park with canal cut-outs, a windmill (a reference to the Moulin Rouge), a cottage with a stork's nest on the chimney and a stable with two cows.[6] Hammerstein had achieved success with the Olympia Theatre (1895) – in the future Times Square – one of the first buildings to host a complex functional programme in a single volume, on top of which an imposing refrigerated greenhouse houses dreamlike scenes and exotic animals.

In parallel with the theatres, the most prestigious hotels in New York are equipped with roof gardens, such as the luxuriant one at the Hotel Astor (1904), opposite the Olympia. Successor to the famous terrace of the Waldorf-Astoria (1893–1897), its roof garden hosts thousands of people amid pergolas, caves, fountains and promenades that flank an Italian garden.

Whereas the attractions of Coney Island's Luna Park (1903) conventionally follow one another as alternate worlds sitting side by side, the congestion

1
Jason M. Barr, *Building the Skyline* (New York: Oxford University Press, 2016), 3, 42–43.

2
Rudolf Aronson, *Theatrical and Musical Memoirs* (New York: McBride, Nast & Company, 1913), 57–62.

3
Alanson B. Walker, 'Celestial Real Estate Company', *LIFE*, LIII (1375), 4 March 1909, 299. Republished in Rem Koolhaas, *Delirious New York* (New York: Monacelli Press, 1994 [1978]), 83.

4
Stephen B. Johnson, *The Roof Gardens of Broadway Theatres, 1883–1942* (Ann Arbor: UMI Research Press, 1985), 1–6.

5
'Thaw Murders Stanford White', *The New York Times*, 26 June 1906, 1.

6
Nicholas van Hoogstraten, *Lost Broadway Theatres* (New York: Princeton Architectural Press, 1991), 41–55.

Tijdens de ochtendstond van de twintigste eeuw wordt de geest van Babylon wedergeboren op het nieuwe continent, dat uitkijkt over de Atlantische Oceaan. New York is het archetype van de optimistische metropool waar alles buitenproportioneel lijkt — schitterender, tegenstrijdiger en onweerstaanbaar grootser dan waar ook. De stad, het nieuwe centrum van de wereld, ontvouwt zich op een strook land die wordt omspoeld door water. Geografische beperkingen en een niet aflatende vraag naar ruimte zijn er moeilijk in evenwicht te brengen. De concurrentie om de toegang tot het eiland is al een economisch probleem, voor het een stedenbouwkundig probleem is.[1] Al snel worden zelfs de meest representatieve bouwwerken vervangen door hoge gebouwen die een intensiever landgebruik mogelijk maken, zodat de grondprijzen de pan uitrijzen. De verrukkelijke, de zwaartekracht trotserende groene oases bovenop de wolkenkrabbers verbeelden de trots van deze stad.

Theateragent Rudolph Aronson droomt ervan om de theatertuinen die in Europa in zwang zijn, naar Broadway te halen en daar de Parijse sfeer van het Café des Ambassadeurs na te bootsen. In het besef dat dit in Manhattan gelijk zou staan aan de verspilling van kostbare bebouwbare grond, legt hij een tuin aan op het dak van zijn theater, profiterend van een ongebruikte ruimte op de bouwkavel.[2] Zo verschijnt in 1883 de eerste openbaar toegankelijke daktuin in heel New York op de zuidoostelijke hoek van 39th Street en Broadway. Het dak van het Casino Theatre is een baanbrekend voorbeeld van kunstmatige grond, een evenwichtsoefening tussen vraag en aanbod van ruimte, op dit eiland waar iedereen wil zijn.

Het is deze 'landwinning' die de basis zal vormen voor het idee van de wolkenkrabber. Dankzij de technische vooruitgang is het voortaan mogelijk om land *usque ad sidera* — tot aan de sterren — te stapelen, net als in de cartoon van Alanson B. Walker, waarin één en hetzelfde perceel, dat 'minder dan een mijl boven Broadway, slechts tien minuten met de lift' ligt, wordt vermenigvuldigd zodat er 'onontgonnen gebied' ontstaat.[3]

De metalen trappen langs de neo-Moorse gevels van het Casino Theatre verbinden de straat buitenlangs met het dak, waardoor het een verlengstuk wordt van de stedelijke ruimte: een verhoogd plein, dat wordt verlevendigd door een Frans café. De daktuin, die is verlicht met honderden zwakke lichtpeertjes, komt tot leven nadat de zon in de zomer is ondergegaan, en breidt zo het aanbod van het theater uit met de ervaring van een andere wereld die tegelijkertijd verborgen en opengesteld is voor de rest van de stad.

De geleidelijke opkomst van de eclectische daktuinen aan Broadway — van Madison Square tot Columbus Circle — wordt gevoed door optimisme. Een in aanleg zakelijk idee verandert zo in een cultureel fenomeen met architectonische waarde.[4] McKim, Mead & White's Madison Square Garden (1892), die doet denken aan de Italiaanse Renaissance, is een daktuin aan de voet van een toren die is geïnspireerd op de Giralda in Sevilla en zeer populair is in hogere kringen. Zelfs de moord op White tijdens een voorstelling op het dak in 1906 wist het succes ervan niet te ondermijnen.[5] Sterker nog, dat werd daardoor vergroot.

Een bewijs van de populariteit van het fenomeen is de Paradise Roof Garden (1899) tussen 42nd Street en 7th Avenue, die zich uitstrekt over twee aangrenzende theaters, het Victoria en het Republic. Ook hier was het een theateragent, Oscar Hammerstein, die een flexibele theatermachine op het dak creëerde waardoor de grens tussen toneel en publiek vervaagde. Hammerstein reconstrueerde hier een soort diorama dat was geïnspireerd op het stereotypische Nederlandse platteland: *ante litteram* (letterlijk) een themapark met grachten, scherp uitgesneden kanalen, een windmolen (een verwijzing naar de Moulin Rouge), een huisje met een ooievaarsnest op de schoorsteen en een stal met twee koeien.[6] Hammerstein had succes

1
Jason M. Barr, *Building the Skyline* (New York: Oxford University Press, 2016), 3, 42–43.

2
Rudolf Aronson, *Theatrical and Musical Memoirs* (New York: McBride, Nast & Company, 1913), 57–62.

3
Alanson B. Walker, 'Celestial Real Estate Company', *LIFE*, LIII (1375), 4 maart 1909, 299. Heruitgegeven in: Rem Koolhaas, *Delirious New York* (New York: Monacelli Press, 1994 [1978]), 83.

4
Stephen B. Johnson, *The Roof Gardens of Broadway Theatres, 1883–1942* (Ann Arbor: UMI Research Press, 1985), 1–6.

5
'Thaw Murders Stanford White', *The New York Times*, 26 juni 1906, 1.

6
Nicholas van Hoogstraten, *Lost Broadway Theatres* (New York: Princeton Architectural Press, 1991), 41–55.

During a performance at/ Tijdens een voorstelling bij Hammerstein's Paradise Gardens/New York City, 1900–1906

HOTEL ASTOR
B.F. KEITH'S
PALACE OF NEW YORK
CHALMERS
CIVILIZATION

Walter Russell, Midsummer night's dream: The roof-gardens of New York/ Midzomernachtsdroom: De daktuinen van New York, 1896.
(The The composition includes/ de compositie met onder andere: The Bowery Theatre; The Koster & Bial's; Madison Square Theatre; Proctor's 23rd Street Theatre; The Casino; The Grand Central Palace; The Hammerstein Ballroom)

geboekt met het Olympia Theatre (1895) op het toekomstige Times Square, een van de eerste gebouwen met een ingewikkeld functioneel programma binnen één enkel volume. Het werd bekroond door een imposante gekoelde kas waarin dromerige ensceneringen en exotische dieren waren ondergebracht.

Net als de theaters waren ook de meest prestigieuze hotels in New York uitgerust met daktuinen, zoals het weelderige exemplaar van Hotel Astor (1904), tegenover het Olympia. In deze daktuin, de opvolger van het beroemde terras van het Waldorf-Astoria (1893–1897), is te midden van pergola's, grotten, fonteinen en promenades langs een Italiaanse tuin plaats voor duizenden mensen.

Terwijl de attracties van Coney Island's Luna Park (1903) elkaar op conventionele wijze opvolgden, als alternatieve werelden naast elkaar, dwong de drukte van Broadway tot een verticale ontwikkeling. Zo contrasteerden de theaters de duisternis van de zalen met de lichten van de metropool en het hemelgewelf; te midden van de grijsheid van de stad, dienden ze als substituut voor de natuur.

Door verschillende werelden op elkaar te stapelen, in een onverbiddelijk opstijgen naar de hemel van het nieuwe Babylon, werd het zaadje geplant van het Manhattanisme zoals dat werd 'bedacht' door Hugh Ferriss — 'in plaats van naar het platteland te gaan, zullen de mensen "naar boven" gaan' — waarover met terugwerkende kracht werd getheoretiseerd door Rem Koolhaas.[7] In het *laisser faire* van het Manhattan van vóór de zoneringsplannen vertegenwoordigen de daktuinen van de theaters een klein, door de architectuur geschonken gebaar van vertrouwen. Hun nalatenschap is terug te vinden in ieder hoog gebouw met een complex programma, met functies die los van elkaar, geometrisch zijn gestapeld. Het is de materialisering van dat ambitieuze programma dat wil 'bestaan in een wereld die volledig door de mens is gemaakt, (...) om *binnenin* een fantasie te leven'.[8] Het nieuwe Babylon is een ingenieus en optimistisch efemeer werk dat doordringt tot in 'die ene stedenbouwkundige ideologie die zich vanaf haar conceptie heeft gevoed met de pracht en ellende van de grootstedelijke conditie — de hyperdichtheid'.[9] In tegenstelling tot veel groene architectuur, die vandaag de dag floreert volgens het millennial motto '(duurzame) architectuur of catastrofe!', waren de daktuinen van Broadway een optimistisch en gedurfd esthetisch gebaar dat opdrachtgevers de kans bood spontaan te ontsnappen aan de werkelijkheid. Ze werpen met terugwerkende kracht een nieuw licht op de manier waarop het Manhattan van vandaag wordt bedacht, gebouwd en gerenoveerd.[10]

Vertaling: InOtherWords, Maria van Tol

7
Koolhaas, *Delirious New York*, op. cit. (noot 3), 117. Ferriss geïnterviewd in 'City Yearns to The Sky in Architects Vision', *New York Evening Post*, 14 april 1925, 5.

8
Koolhaas, *Delirious New York*, op. cit. (noot 3),10.

9
Ibid.

10
Zie voor een kritische beschouwing van het fenomeen 'groene architectuur': Giovanni Galli, *Sostenibilità e Potere* (Genua: Sagep, 2015).

of Broadway forces a vertical development. Thus, the theatres contrast the darkness of the auditoriums with the lights of the metropolis and the celestial vault, and amid the greyness of the city, they serve as substitutes for nature.

By superimposing different worlds in the inexorable ascent to the heavens of the new Babylon, the seed of Manhattanism is planted, as 'conceived' by Hugh Ferriss – 'instead of going to the country, the people will go "up"' – and retroactively theorised by Rem Koolhaas.[7] In the laissez faire of pre-zoning Manhattan, the theatre roof gardens represent a small gesture of trust bestowed by architecture. Their legacy can be traced in every tall building with a complex functional programme whose functions, detached from each other, are stacked geometrically – the reification of that ambitious programme 'to exist in a world totally fabricated by man, . . . to live *inside* fantasy'.[8] The new Babylon is an ingenious and optimistic ephemeral act that becomes pervasive in 'the one urbanistic ideology that has fed, from its conception, on the splendors and miseries of the metropolitan condition – hyper-density'.[9] Unlike much green architecture today that flourishes according to the millennial cry of '(sustainable) architecture or catastrophe!', the Broadway roof gardens are an optimistic and daring aesthetic gesture that offers patrons an impromptu escape from reality and retrospectively sheds new light on the way of conceiving, building and renovating the Manhattan of today.[10]

7
Koolhaas, *Delirious New York*, op. cit. (note 3), 117. Ferriss interviewed in 'City Yearns to The Sky in Architects Vision', *New York Evening Post*, 14 April 1925, 5.

8
Koolhaas, *Delirious New York*, op. cit. (note 3), 10.

9
Ibid.

10
For a critical look at the phenomenon of green architecture, see: Giovanni Galli, *Sostenibilità e Potere* (Genoa: Sagep, 2015).

Robin Hueppe

Glinsteringen in de barsten van Houston, Texas

Deserted tunnels after lunch break/ Verlaten tunnels na de lunchpauze, Houston, 2022

Robin Hueppe

Shimmers in the Cracks of Houston, Texas

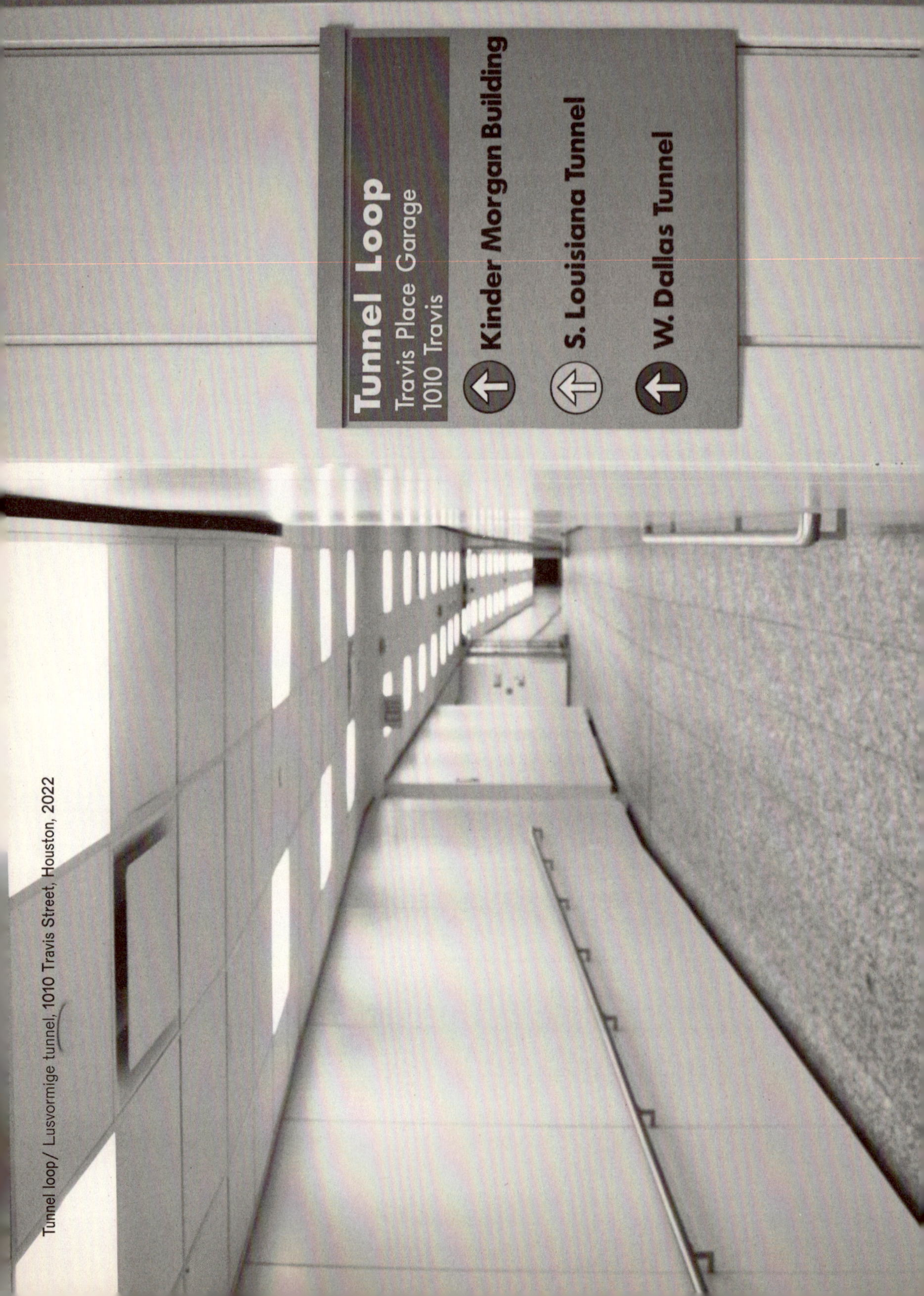

Tunnel loop/ Lusvormige tunnel, 1010 Travis Street, Houston, 2022

Most of the time, urban artifacts contain deep narratives. Sometimes, tracing their stories can unravel the ambiguities structural to the optimistic design of places. Particularly in those that evade beloved notions of 'dense' and 'walkable', such as Houston, Texas, the pink shades of optimism find their inspiration in everyday encounters. Although optimism helps dodge the dead ends in the search for potential, we simultaneously must question its dodgy relationship with architecture as an agent of power.[1] Houston is a surprisingly appropriate place to show how optimism ambiguously manifests through the spatial embodiment of ignorance, resistance and change. Three artefacts seen through the lens of architectural, progress-driven optimism illustrate this argument as their stories reveal how optimism projects a future that results in problems and how we can seek for the shimmering cracks to flip the coin once more. Starting with blind-optimistic design underground, we will move upwards to persuasive-optimistic design on the ground and, finally, zoom out to the plan level for progressive-optimistic design of the city.

Walking the tunnels under Houston's downtown brings moments of wonder. Under a block at 1010 Travis Street is a way sign on the wall. Below the tunnel's name it reads the building above, whose owner operates and governs this section, while the arrows provide directions to other buildings and subdivisions. But the invisible leaves us speculating. Where is our location, for example, or the way back up and out of the tunnel? Pondering the component of a private, 11-km pedestrian rhizome, it seems as if it refuses to answer these questions. Twentieth-century oil companies probably considered direct orientation between stores and businesses more important than a general orientation in/under the city.[2] In 1961, the first tunnel connected an office tower to a car park and then grew via grafts and attachments. Separately managing the multiplying, private subdivisions made orientation a continuous challenge in the absence of a master plan. And the unfettered growth inadvertently turned into a labyrinthian underground of a machine-inspired future. It enabled white-collar workers to remain in the well-tempered climate of private interior spaces between their suburban home, car and office.[3] Along with the heat, other troubles of the biosphere, pollution, noise or poverty, happened to be avoided, too.

Not too far from the tunnels, on a sidewalk section of Houston's Richmond Avenue, appears a conspicuous mosaic of brick pavers. Some display seals of factories dissolved over 100 years ago.[4] Now preservation of the pedestrian right-of-way is a curious sight in the energy capital, and a look at the aging mortar filling the cracks already raises suspicion. It turns out the city built the sidewalk with recycled bricks in 1987.[5] As part of a continuous effort to widen the asphalt, bricks might have been meant to aesthetically enhance the shrinking sidewalk. Yet before the asphalt, when the factory seals were still fresh and brick a cheap, omnipresent material, it used to signify development from wood planks.[6] And then, again, oil came and brought an optimistic drive towards a speedy future. In Houston, however, the discarded brick became an alleviating resource for a Black community, self-paving their streets to fill the absence of public service. Today, when road works uncover historical traces, local brick can embody optimistic resistance and the unifying labour behind the bricklaying craft, one of the first in which Black and White folks work alongside each other.[7]

Seventy-five years before the sidewalk's materialisation, landscape architect Arthur Comey submitted a master plan to the growing city of Houston. In 1912, he proposed a green park belt connected through a system of 'residence boulevards' lined with live oaks. The boulevards, he writes,

1
Mabel O. Wilson and Julian Rose, 'Changing the Subject: Race and Public Space', *Artforum International* 55 (2017), 308-314.

2
Jack Byers, 'The Privatization of Downtown Public Space: The Emerging Grade-Separated City in North America', *Journal of Planning Education and Research* 17 (1998), 189-205.

3
In an exchange with architecture historian Stephen Fox, February 2022.

4
Charles Francis, 'The Francis Vitric Brick Co.', *The Boynton Index* 7/2 (1916).

5
Anna Russell, 'Notice of City of Houston Street Improvement Benefit Hearing', *The Houston Post* (1986).

6
Robin B. Williams, 'Hand-Made Streets: The Role Of Labor In Making, Installing And Maintaining Street Pavement Prior To The Dominance Of Asphalt', *International Association for the History of Transport Traffic and Mobility T2M, People-Works: The Labor of Transport, an Online Exhibit* (2018).

7
Carol McDavid, 'When Is "Gone" Gone? Archaeology, Gentrification, and Competing Narratives about Freedmen's Town, Houston', *Historical Archaeology* 45/3 (2011), 74-88.

Achter stedelijke artefacten gaan meestal diepgaande narratieven schuil. Door die verhalen te traceren kan hun dubbelzinnigheid die inherent is aan het optimistische ontwerp van bepaalde plaatsen, ontrafeld worden. Vooral op plekken die zich onttrekken aan populaire begrippen als 'verdicht' en 'beloopbaar', zoals Houston, Texas, wordt de roze gloed van het optimisme geïnspireerd door alledaagse ontmoetingen. Hoewel optimisme helpt bij het ontwijken van doodlopende wegen tijdens de zoektocht naar nieuwe mogelijkheden, moeten we tegelijkertijd vraagtekens plaatsen bij de moeizame relatie tussen optimisme en architectuur als machtsfactor.[1] Houston is een verrassend geschikte plek om te demonstreren hoe dubbelzinnig optimisme zich via een ruimtelijke staat van onwetendheid, verzet en verandering kan voordoen. Gezien door de lens van een architectonisch en door vooruitgang gedreven optimisme, illustreren drie artefacten dit argument. Hun verhalen onthullen niet alleen dat het optimisme een toekomst projecteert die tot problemen leidt, maar ook hoe we het licht dat door de barsten valt, kunnen inzetten om het over een andere boeg te gooien. We beginnen met blind-optimistisch ondergronds ontwerp, dan stijgen we op naar overtuigend-optimistisch grondgebonden ontwerp en ten slotte zoomen we uit naar het planniveau van het progressief-optimistisch stadsontwerp.

Een wandeling door de tunnels onder de binnenstad van Houston levert momenten van verwondering op. Onder een blok aan Travis Street 1010 hangt een richtingaanwijzer aan de muur. Onder de naam van de tunnel staat de naam van het gebouw erboven — de eigenaar van dit gebouw exploiteert en beheert dit tunneldeel —, terwijl de pijlen naar andere gebouwen en stukken tunnel wijzen. Maar wat onzichtbaar is, maakt ons onzeker. Waar bevinden we ons, bijvoorbeeld, en waar is de weg terug omhoog, de tunnel uit? Als we nadenken over dit aspect van het 11 km lange, particuliere voetgangersrizoom, dan is het net alsof deze weigert zulke vragen te beantwoorden. Twintigste-eeuwse oliemaatschappijen vonden waarschijnlijk de directe oriëntatie tussen winkels en bedrijven belangrijker dan een algemene oriëntatie in/onder de stad.[2] In 1961 verbond de eerste tunnel een kantoortoren met een parkeergarage; vervolgens groeide hij via enten en aanhechtingen verder uit. Omdat de zich telkens uitbreidende, particuliere tunneldelen afzonderlijk werden beheerd — en er geen masterplan was — bleef oriëntatie altijd een probleem. En de onbelemmerde groei veranderde het stelsel onbedoeld in de labyrintische ondergrond van een op machines geïnspireerde toekomst. Het stelde kantoormedewerkers in staat om altijd in het gematigde klimaat van particuliere binnenruimten tussen hun huis in de suburbs, hun auto en hun kantoor te verblijven.[3] Naast de hitte konden ze zo ook andere problemen uit de biosfeer vermijden, zoals vervuiling en lawaai — of armoede.

Niet ver van de tunnels, op het stuk trottoir op Houston's Richmond Avenue, ligt een opvallend mozaïek van straatstenen. Sommige vertonen de merktekens van fabrieken die al meer dan 100 jaar geleden zijn opgeheven.[4] Het recht van overpad van voetgangers is hier behouden gebleven, tegenwoordig een zeldzaam verschijnsel in deze energiehoofdstad. Alleen al een blik op de oude mortelspecie dat de scheuren vult, wekt vragen op. Het blijkt dat de stad het trottoir in 1987 heeft verhard met hergebruikte bakstenen.[5] Misschien zijn er, als onderdeel van een voortdurende inspanning om het asfalt te verbreden, bakstenen gebruikt om het krimpende trottoir esthetisch te verfraaien. Maar vóór het asfalt, toen de fabrieksmerken nog nieuw waren en baksteen een goedkoop, overal voorhanden materiaal was, vertegenwoordigden ze een vooruitgang ten opzichte van houten planken.[6] Toen kwam op zijn

1
Mabel O. Wilson en Julian Rose, 'Changing the Subject: Race and Public Space', *Artforum International* 55 (2017), 308-314.

2
Jack Byers, 'The Privatization of Downtown Public Space: The Emerging Grade-Separated City in North America', *Journal of Planning Education and Research* 17 (1998), 189-205.

3
Uitwisseling met architectuurhistoricus Stephen Fox, februari 2022.

4
Charles Francis, 'The Francis Vitric Brick Co.', *The Boynton Index* 7/2 (1916).

5
Anna Russell, 'Notice of City of Houston Street Improvement Benefit Hearing', *The Houston Post* (1986).

6
Robin B. Williams, 'Hand-Made Streets: The Role Of Labor In Making, Installing And Maintaining Street Pavement Prior To The Dominance Of Asphalt', *International Association for the History of Transport Traffic and Mobility T2M, People-Works: The Labor of Transport, an Online Exhibit* (2018).

Brick mosaic with factory seal/ Baksteenmozaïek met fabriekszegel, **Houston, 2022**

Brick sidewalk at Richmond Avenue/ Trottoir in baksteen op Richmond Avenue, **Houston, 2022**

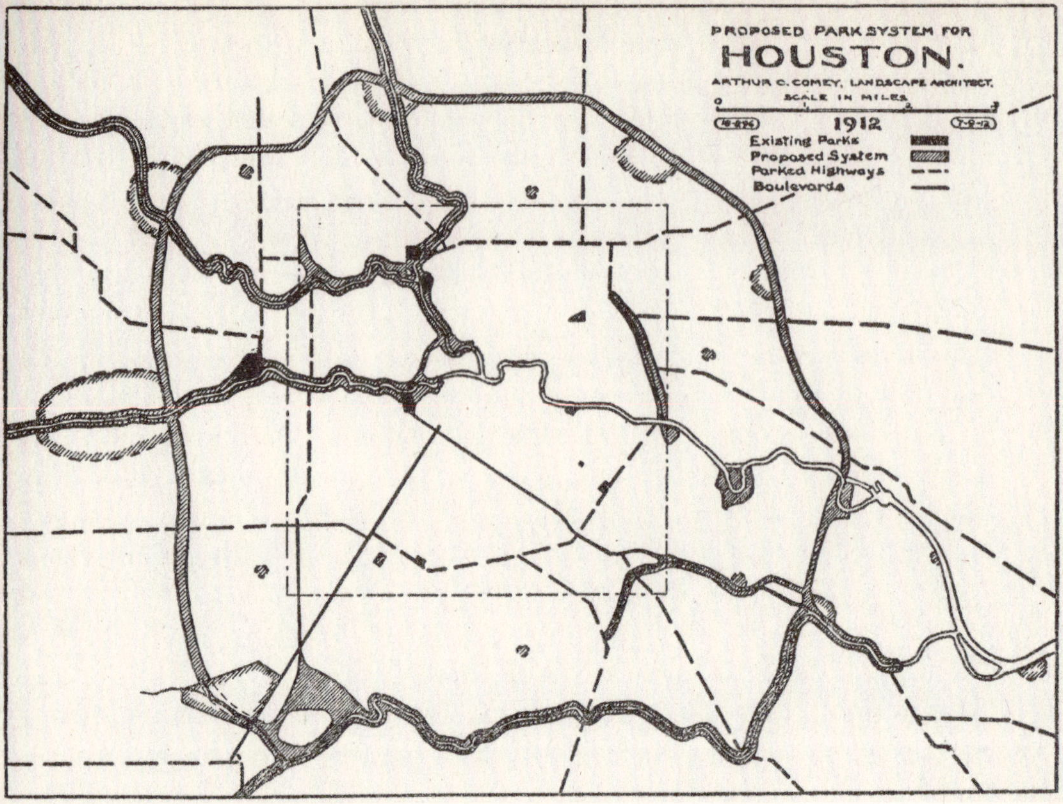

Comey's proposed Park System/ Comey's voorstel voor een Park System, Houston, 1913

Made for pleasure driving/ Gemaakt voor plezierritjes: Comey's North Boulevard, Houston, 2022

are 'streets made wide and restricted to pleasure driving in order to increase property values'.[8] Basing his boulevards on 'pleasure driving' was a peculiar move — cars had only been available for a few years. And like most planners of the time, Comey used and reinforced a segregated city model for his design. So the future of his high-modern optimism lurked in the white background of the plan, between black ink patterns symbolising the boulevards. More than 100 years later, the design unfolds its political implications. Some of the city's most expensive properties today sit along the boulevard's live oaks, whose lush tree canopy covers wealthy White neighborhoods.[9] While the arriving industrialisation kept most of Comey's plan unrealised, its optimism problematically still serves present - day landscape architects as a historical reference to complete an unfinished vision.

Incidentally, these three artefacts exemplify how optimism integrates in the material structure of Houston and how it continuously twists and turns. Bricks, once a sign of progress, were discarded for the asphalt city, then became an optimistic symbol for discriminated Black neighbourhoods, and eventually returned to downtowns and sidewalks as signifiers of both tradition and resistance. Although optimism messed up Houston, the young city would be lost without it: no tunnels with a potential to alleviate flooding during a hurricane, no bricks to pave with an inclusive heritage, and no live oaks as native evergreens to counter urban heat islands. Optimism produced and ruined and can yet save our cities once more — as long as it is aware of its strange love for utopias, ignorance and privilege, paired with a pinch of scepticism towards architecture as an agent. Whenever we delve into optimism to (re)imagine one future, others are silenced. That is why we need to sort out the ambiguities embedded in the optimistic design of places.
If we look carefully, the visions are all among us, sleeping, once abandoned as crumbling dreams.
And so it goes.

8
Arthur C. Comey, *Houston: Tentative Plans for its Development, Report to the Houston Park Commission* (Boston: Press of Geo. H. Ellis Co., 1913), 39.

9
Chris Servidio, 'Urban Tree Distribution Reveals Neighborhood Inequalities within Cities, Including Houston', *Urban Edge, Rice University Kinder Institute for Urban Research* (2019), published online.

beurt de olie, met in zijn kielzog een optimistische drang naar een snelle toekomst. In Houston werd de afgedankte baksteen echter een hulpmiddel en een verlichting voor een zwarte gemeenschap die bij ontstentenis van overheidsdiensten zélf haar straten verhardde. Wanneer wegwerkzaamheden vandaag de dag historische sporen blootleggen, kunnen dat lokale bakstenen zijn die iets vertellen over optimistisch verzet en de verenigde krachten achter het vak van metselaar, een van de eerste ambachten waar zwarte en witte mensen naast elkaar werken.[7]

Vijfenzeventig jaar vóór het trottoir materialiseerde, diende landschapsarchitect Arthur Comey een masterplan in voor de groeiende stad Houston. In 1912 stelde hij voor een groene corridor aan te leggen die werd verbonden door een stelsel van 'residentiële boulevards' en omzoomd met groenblijvende eiken. De boulevards beschreef hij als 'brede straten waarop men alleen plezierritjes mag maken, zodat de waarde van het onroerend goed stijgt'.[8] Het feit dat hij zijn boulevards baseerde op 'het maken van plezierritjes' was een merkwaardige zet — auto's waren nog maar een paar jaar op de markt. En zoals de meeste planners van die tijd gebruikte en versterkte Comey voor zijn ontwerp een model van een gesegregeerde stad. De toekomst van zijn hoogstmoderne optimisme lag dus verscholen in de witte achtergrond van het plan, tussen de patronen in zwarte inkt die de boulevards symboliseerden. Meer dan 100 jaar later onthult het ontwerp zijn politieke implicaties. Sommige van de duurste gebouwen van de stad staan vandaag de dag langs de boulevard met loofbomen; hun weelderige bladerdak bedekt rijke, witte buurten.[9] Terwijl het grootste deel van Comey's plan vanwege de opkomende industrialisatie ongerealiseerd bleef, gebruiken hedendaagse landschapsarchitecten het optimisme ervan problematisch genoeg nog steeds als een historische referentie bij het afronden van deze onvoltooide visie.

Overigens illustreren deze drie artefacten hoe het optimisme is geïntegreerd in de bouwkundige structuur van Houston en hoe het daar voortdurend wringt. Bakstenen, eens een teken van vooruitgang, werden afgedankt ten gunste van de asfaltstad, groeiden vervolgens in gediscrimineerde zwarte buurten uit tot optimistische symbolen en keerden uiteindelijk als tekenen van zowel traditie als verzet terug naar de stadscentra en trottoirs. Hoewel het optimisme Houston heeft aangevreten, was de jonge stad zonder optimisme — zonder tunnels die overstromingen tijdens een orkaan kunnen opvangen, zonder bakstenen als verenigend erfgoed om mee te bestraten, en zonder groenblijvende eiken als inheemse vergroeners die stedelijke hitte-eilanden beperken — verloren gegaan. Het optimisme heeft onze steden gemaakt en geruïneerd en kan ze toch nogmaals redden — zolang het zich bewust is van zijn vreemde voorliefde voor utopieën, onwetendheid en privilege, gekoppeld aan een snufje scepsis ten aanzien van architectuur als gangmaker. Telkens wanneer we een beroep doen op het optimisme om een bepaalde toekomst te (her)verbeelden, wordt andere toekomsten het zwijgen opgelegd. Daarom moeten we uitzoeken welke ambivalenties er besloten liggen in de optimistische ontwerpen van plekken. Als we goed kijken, zien we dat al die visies onder ons zijn, sluimerend, ooit verlaten als afbrokkelende dromen. Zo gaat dat.

Vertaling: InOtherWords, Maria van Tol

7
Carol McDavid, 'When is "Gone" Gone? Archaeology, Gentrification, and Competing Narratives about Freedmen's Town, Houston', *Historische Archeologie* 45/3 (2011), 74-88.

8
Arthur C. Comey, *Houston: Tentative Plans for its Development, Report to the Houston Park Commission* (Boston: Press of Geo. H. Ellis Co., 1913), 39.

9
Chris Servidio, 'Urban Tree Distribution Reveals Neighborhood Inequalities within Cities, Including Houston', *Urban Edge, Rice University Kinder Institute for Urban Research* (2019), online gepubliceerd.

Jeffrey Kruth

The Use of the Earth for the Good of Man Optimism and Nostalgia in Roland Wank's Public Architecture

In the midst of the Great Depression, the United States government implemented a series of built works intended to showcase an architectural modernity projecting a path out of economic precarity through the creation of large-scale public works projects. President Franklin D. Roosevelt's New Deal programmes created post offices, park pavilions, schools, infrastructure and social housing programmes to relieve economically distressed city neighbourhoods and poor rural communities alike. Through Roosevelt's close group of advisors, known as his 'brain trust', economists like Rexford Tugwell employed an army of technocrats including engineers and architects to implement a progressive vision for a post-Depression era. In the 1930s era of political and economic uncertainty, when both communism and fascism abroad appealed to an American public, Roosevelt sought a delicate political balance that would both preserve the core of a market-based capitalist development system while reigning in some of its worst impacts.

The creation of administrative arms like the Tennessee Valley Authority (TVA) created exemplary projects that aimed to reorganise the settlement patterns of entire regions through the rerouting and damming of waterways, the construction of parkways, and new towns like Norris, Tennessee. Influenced by Clarence Stein and the ideas of the Regional Planning Association of America (RPAA), programmes of environmental conservation, rural electrification and the development of modern new towns enabled the spread of ideological phrases through New Deal pamphlets like 'The Use of the Earth for the Good of Man'.[1]

In this essay I examine two different projects by Hungarian-born Roland Wank as lead architect. The first is the work Wank accomplished while at the TVA (1933–1936). The second is his work outside Cincinnati, Ohio in the greenbelt town of Greenhills (1935–1938). While at different scales, both projects exemplify a reciprocal relationship between the domestic sphere and regional infrastructural development to promote a modern ideal of 'the good life'.

Today, the diminished capacities and deferred maintenance of these forward-looking projects can be likened to what cultural theorist Lauren Berlant refers to as a 'cruel optimism'. Berlant defines this as a relation that 'exists when something you desire is actually an obstacle to your flourishing'.[2] I use this phrase to examine the legacy of these New Deal projects in light of a contemporary movement of progressive-minded politicians and activists seeking to create a Green New Deal structured in the image of the 1930s model.

Power and the Technological Sublime at the TVA

In 1933, the US Congress approved legislation creating the TVA, which quickly began to acquire property in the sloping topography surrounding the Tennessee River basin. The TVA sought to create a storage reservoir and hydroelectric power station at the confluence of the Clinch and Powell Rivers in an effort to encourage a consistent water supply for farmers, conserve forest land and bolster economic activity in a region totalling more than 200,000 km^2. Poor land use and farming practices coupled with the impacts of the Great Depression left the region impoverished and unsuitable for viable agricultural production. President Roosevelt saw the region as prime for winning over potential voters and employed his 'brain trust' of intellectual leaders to show how large-scale government intervention could fundamentally benefit collective

1
Clarence Stein completed the new town of Radburn, New Jersey in 1929. In doing so, he initiated the creation of small, regionally connected communities with access to green space and separate facilities for the automobile. See: Clarence Stein, *Towards New Towns for America* (Liverpool: University of Liverpool, 1951).

2
Lauren Berlant, *Cruel Optimism* (Durham, NC: Duke University Press, 2011), 1.

Jeffrey Kruth

Het gebruik van de aarde ten behoeve van de mens Optimisme en nostalgie in de publieke architectuur van Roland Wank

Midden in de crisis van de jaren 1930 liet de Amerikaanse regering een reeks bouwwerken optrekken met de bedoeling te laten zien hoe de moderne architectuur via de aanleg van grootschalige openbare projecten een uitweg kon bieden uit de economische onzekerheid. Dankzij de New Deal-programma's van president Franklin D. Roosevelt verrezen er postkantoren, paviljoens in parken, scholen en infrastructuur; ook ontstonden er sociale huisvestingsprogramma's om economisch noodlijdende stadswijken en arme plattelandsgemeenschappen te ondersteunen. De econoom Rexford Tugwell, die deel uitmaakte van de hechte groep adviseurs van Roosevelt die bekend stond als zijn *brain trust*, trok een leger van technocraten aan, onder wie ingenieurs en architecten, om een progressieve visie voor het postdepressietijdperk te implementeren. In de jaren 1930, een tijdperk van politieke en economische onzekerheid waarin zowel communisme als fascisme via het buitenland populair was geworden onder het Amerikaanse publiek, zocht Roosevelt naar een delicaat politiek evenwicht dat de kern van het op de markt gebaseerde kapitalistische ontwikkelingsmodel in stand zou houden en tegelijk enkele van de ergste uitwassen ervan zou beperken.

De oprichting van bestuurslichamen als de Tennessee Valley Authority (TVA) ging gepaard met de uitvoering van voorbeeldprojecten. Deze hadden tot doel de nederzettingspatronen van hele regio's te veranderen via de omlegging en afdamming van waterwegen, de aanleg van parkwegen en nieuwe steden als Norris in Tennessee. Onder invloed van Clarence Stein en de ideeën van de Regional Planning Association of America (RPAA) zorgden programma's voor milieubehoud, de aanleg van elektriciteit op het platteland en de ontwikkeling van moderne nieuwe steden voor de verspreiding van ideologische opvattingen via New Deal-pamfletten als *The Use of the Earth for the Good of Man — Het gebruik van de aarde ten behoeve van de mens*.[1]

In dit essay onderzoek ik twee projecten waarbij de in Hongarije geboren Roland Wank optrad als hoofdarchitect. Het eerste werk was bestemd voor de TVA (1933–1936), het tweede realiseerde hij buiten Cincinnati in Ohio, in de groengordelstad Greenhills (1935–1938). Hoewel de projecten verschillend van schaal zijn, bestaat er een relatie tussen huiselijke sfeer en regionale infrastructurele ontwikkeling die het moderne ideaal van 'het goede leven' propageert.

Achteraf gezien kunnen de afgenomen capaciteit en het uitgestelde onderhoud van deze toekomstgerichte projecten worden gezien als het resultaat van wat cultureel theoreticus Lauren Berlant betitelt als 'wreed optimisme'. Berlant definieert dit als een relatie die 'bestaat wanneer iets wat je graag wilt, in feite een obstakel vormt om te gedijen'.[2] Ikzelf gebruik deze uitdrukking om de erfenis van de New Deal-projecten te onderzoeken in het licht van een hedendaagse beweging van progressief ingestelde politici en activisten die voornemens zijn een Green New Deal te creëren naar het voorbeeld van het model uit de jaren 1930.

De macht en het technologische hoogstandje van de TVA

In 1933 keurde het Amerikaanse Congres wetgeving goed die de oprichting van de Tennessee Valley Authority in beweging bracht. De TVA begon al snel onroerend goed aan te kopen in

1
Clarence Stein voltooide de nieuwe stad Radburn, New Jersey in 1929. Hij gaf hiermee de aanzet tot het ontstaan van kleine, regionaal verbonden gemeenschappen met toegang tot groene ruimte en aparte voorzieningen voor de auto. Zie: Clarence Stein, *Towards New Towns for America* (Liverpool: University of Liverpool, 1951).

2
Lauren Berlant, *Cruel Optimism* (Durham, NC: Duke University Press, 2011), 1.

Roland Wank, Norris Dam and powerhouse at night/ Norris Dam en elektriciteitscentrale bij nacht, Norris, Tennessee

de glooiende topografie rond het stroomgebied van de rivier de Tennessee. De TVA wilde een opslagreservoir en een waterkrachtcentrale bouwen op de plek waar de rivieren Clinch en Powell samenvloeiden. Het plan was om een duurzame watervoorziening voor boeren te garanderen, bosgrond in stand te houden en economische activiteit te stimuleren. Het ging om een gebied van meer dan 200.000 km^2. Door onverstandig landgebruik en landbouwbedrijvigheid, en de gevolgen van de crisis van de jaren 1930, was de regio verarmd en ongeschikt geraakt voor levensvatbare agrarische productie. President Roosevelt zag deze regio als een uitgelezen plek om potentiële kiezers voor zich te winnen en gebruikte zijn *brain trust* met intellectuele leiders om te laten zien hoe grootschalig overheidsingrijpen het collectieve leven fundamenteel kon verbeteren. Omdat zowel het fascisme als het communisme zich in het buitenland verspreidde, voelde Roosevelt zich verplicht de potentie van de liberale kapitalistische democratie te demonstreren. Hij wilde daarmee de slechtste kanten van kapitalistische speculatie tegen gaan en tegelijkertijd ruimte scheppen voor meer particuliere investeringen.

Het resultaat bestond niet alleen uit 16, tussen 1933–1944 door de TVA gebouwde hydro-elektrische dammen, maar ook uit talloze kilometers aan parkwegen, beschermd bos en nieuwe steden. De meest opvallende daarvan was de stad Norris, gebouwd voor arbeiders die tussen 1933 en 1936 aan de nabijgelegen Norris Dam werkten. Arthur E. Morgan, de voorzitter van de TVA die van beroep ingenieur was, stond onder druk om de Norris Dam snel te bouwen. Dit monumentale stuk infrastructuur moest namelijk de bekwaamheid en capaciteiten van de TVA aantonen. Roland Wank werd aangesteld als hoofdarchitect van de TVA, onder leiding van planner Earle Draper. Wank drong er bij Morgan en Draper op aan om de Norris Dam in modernistische stijl te bouwen, dit in contrast met de huizen in de *vernacular style* in de stad Norris. Morgan overwoog aanvankelijk een bestaand plan van het Army Corps of Engineers te gebruiken, waar historische motieven en ornamentiek in waren verwerkt. Hij gaf Wank echter toestemming om nieuwe tekeningen te maken, waarbij constructie en architectuur een samenhangend ontwerp zouden vormen. In een brief aan Morgan benadrukte de politiek gemotiveerde, en door de mogelijkheden van modernisme en massaproductie geïnspireerde Wank: 'De sociale revolutie voltrekt zich in versneld tempo. Als wij niet voorop gaan lopen, doet iemand anders het.'[3]

Wank ging aan de slag met een nieuw ontwerp voor de dam en zocht daarbij de inbreng van Albert Kahn, een Amerikaanse architect die door zowel ingenieurs als architecten zeer werd gerespecteerd. Wank gebruikte moderne materialen en brak bewust met de neoklassieke motieven die destijds gangbaar waren in infrastructureel werk. Hij onderschreef de notie van het 'neotechnische' tijdperk van de architectuurcriticus Lewis Mumford. Het ging daarbij vooral om het gebruik van aluminium in openbare binnenruimten, welk materiaal Mumford als bij uitstek geschikt achtte voor toepassing in een moderne, geavanceerde samenleving, omdat er geavanceerde techniek nodig is voor de bewerking ervan, plus grote hoeveelheden goedkope elektrische energie.[4] Door de grote aandacht voor verlichting kwam elektriciteit bovendien op als een architectonisch element en een symbool van optimisme. Speciaal gemaakte verlichtingsarmaturen en aangelichte uitstallingen in bezoekersruimten trokken de aandacht, terwijl de dramatische verlichting van de Norris Dam 's nachts de verbeelding aanwakkerde van bekende fotografen als Arthur Rothstein en Ronald Krutch.

Wank had ook talent voor het creëren van een architectonische sequens en het concentreren van menselijke ervaringen in projecten met een monumentale schaal. Hij voorzag in dramatische uitkijkjes langs de top van de dam, waar voetgangers over de rand konden kijken en de zware, schuine, stroomafwaartse kant ervan konden zien. Ook wie per auto via een snelweg vol haarspeldbochten naar de Norris Dam rijdt, aanschouwt een kunstmatig landschap dat zich geleidelijk openbaart. De daaropvolgende onthulling van de dam zelf boezemt de bezoeker ontzag in, omdat Wank deze zorgvuldig in zijn natuurlijke omgeving heeft geïntegreerd. De combinatie van kunstmatige en natuurlijke elementen bracht de historici Christine Macy en Sarah Bonnemaison

3
Brief van Roland A. Wank aan Arthur E. Morgan, 4 december 1933, 4. TVA Archives, NARA Southeast Region, Atlanta.

4
Lewis Mumford, *Technics and Civilization* (Londen: Routledge & Kegan Paul, 1934), 230.

life. With both fascism and communism spreading abroad, Roosevelt felt obligated to showcase the possibilities of a liberal capitalist democracy to thwart the worst features of capitalist speculation while providing space for broader private investment to prosper.

The result was a total of 16 hydroelectric dams built by the TVA between 1933–1944, along with countless miles of parkways, preserved woodland and new towns. The most notable of these wa s the town of Norris, built for workers constructing the nearby Norris Dam built between 1933 and 1936. Arthur E. Morgan, chairman of the TVA and engineer by trade, was under pressure to quickly construct the Norris Dam, a monumental infrastructural undertaking intended to showcase the prowess and capabilities of the TVA. Roland Wank was appointed as chief architect of the TVA under the direction of planner Earle Draper. Wank pushed on Morgan and Draper to incorporate a modernist aesthetic for the Norris Dam, in contrast to the vernacular residential architecture being constructed in the town of Norris. Morgan initially considered a previous plan drawn by the Army Corps of Engineers that incorporated historical motifs and applied ornament. However, he allowed Wank to redraw the engineering and architecture as a cohesive entity. Politically motivated and inspired by the possibilities of modernism and mass production, Wank insisted in a letter to Morgan: 'The social revolution is going on at an accelerated pace. If we do not lead it, somebody else will.'[3]

Wank set to work on redesigning the dam, seeking input along the way from Albert Kahn, an American architect respected by both engineers and architects. Wank deployed modern materials and intentionally broke with the neoclassical motifs prevalent among infrastructural works at the time. He adhered to architecture critic Lewis Mumford's notion of the 'neotechnic' era. Notably, this included the use of aluminium on interior public spaces, which Mumford saw as a material fit for a modern advanced society because it requires advanced technology to refine it and vast amounts of cheap electric power.[4] Electricity as an architectural element and symbol of optimism also emerged through close attention to lighting. Custom lighting fixtures and backlit displays on the interiors of visitor spaces centred the user's attention, while dramatic lighting of the Norris Dam at night captured the imaginations of noteworthy photographers like Arthur Rothstein and Ronald Krutch.

Wank was also talented at creating an architectural procession and centring the human experience in projects that were monumental in scale. He incorporated dramatic overlooks along the top of the dam for pedestrians to peer over the side and witness its thick and canted downstream face. Similarly, the approach to the Norris Dam by car slowly reveals the engineered landscape through a switchback parkway. The subsequent reveal of the dam strikes awe in the visitor, as Wank carefully knits the dam into its natural surroundings. The combination of engineered and natural elements lead historians Christine Macy and Sarah Bonnemaison to refer to Wank's work at the TVA as conjuring a 'technological sublime'.[5]

This technological sublime would permeate not only infrastructural works, but also the promise of a good life through realtering domestic life. In the town of Norris, Wank introduced electric stoves, washing machines and refrigerators, bringing the impact of the TVA dam's hydroelectric power into the domestic sphere in an attempt to bolster support for the TVA at large. Lewis Mumford praised the relationship between technological modernity and domestic life in the region in 1941 when he reviewed a show at the Museum of Modern Art in New York dedicated to the architecture of the TVA, saying it was 'as close to perfection as our age has come. A new architecture, bold as the engineering from which it springs, is rising in the valley . . . Look at it and be proud that you are an American.'[6]

However optimistic Mumford's sentiment, in many ways the TVA codified the racial tensions already at play in the American South through discriminatory labour practices and segregationist tactics. While some within the Roosevelt administration sought more progressive stances on racial integration, in practice Arthur Morgan and others saw it as a potential distraction from the work

3
Letter from Roland A. Wank to Arthur E. Morgan, 4 December 1933, 4. TVA Archives, NARA Southeast Region, Atlanta.

4
Lewis Mumford, *Technics and Civilization* (London: Routledge & Kegan Paul, 1934), 230.

5
Christine Macy and Sarah Bonnemaison, *Architecture and Nature Creating the American Landscape* (London: Routledge 2003).

6
Lewis Mumford, 'The Architecture of Power', *The New Yorker* 17/2 (1941), 58.

ertoe om Wank's werk voor de TVA een 'technisch hoogstandje' te noemen.'[5]

Dit technische hoogstandje zou niet alleen zijn sporen nalaten in andere infrastructurele werken, maar zou ook via veranderingen in het huishoudelijke domein de belofte van het goede leven doordesemen. In een poging de steun voor de TVA in algemene zin te vergroten, voorzag Wank de stad Norris van elektrische fornuizen, wasmachines en koelkasten die de invloed van de hydro-elektrische energie van de TVA-dammen naar de huiselijke sfeer brachten. Lewis Mumford prees de relatie tussen technologische moderniteit en het huiselijke leven in de regio in 1941 in een recensie over een tentoonstelling in het Museum of Modern Art in New York die gewijd was aan de architectuur van de TVA. Mumford beschreef die als 'zo dicht bij de perfectie als we in deze eeuw zijn gekomen. Een nieuwe architectuur, even gedurfd als de ingenieurskunde waaruit zij voortkomt, verrijst in de vallei. (...) Kijk ernaar en wees trots dat je een Amerikaan bent.'[6]

Hoe optimistisch Mumford ook was, in veel opzichten classificeerde de TVA de raciale spanningen die al in het Amerikaanse Zuiden speelden, door discriminatie op het werk en segregatietactieken. Terwijl sommige leden van Roosevelt's regering een progressiever standpunt over rassenintegratie nastreefden, zagen Arthur Morgan en anderen zoiets in de praktijk als een potentiële afleiding van de taak die voor hen lag.[7] Anderen wezen erop hoe lastig het was om wetgeving door te voeren, wanneer zuidelijke politici 'aandrongen op strikte naleving van de eisen van blanke suprematie bij de toepassing van de New Deal-programma's'.[8] Van het eindresultaat van het regionale megaproject van de TVA kan worden gezegd dat het reeds aanwezig racisme versterkte en normaliseerde. Dit resulteerde in wat Diane Harris beschrijft als een 'geracialiseerd landschap'.[9]

De bevordering van het goede leven in Greenhills, Ohio

Omdat Wank, behalve dat van de volkshuisvesting in Norris, ook andere modellen van massawoningbouw wilde onderzoeken, vroeg hij de TVA verlof om meer tijd te besteden aan projecten van de Resettlement Administration (RA), die ook was opgericht als onderdeel van Roosevelt's New Deal-beleid. Earle Draper stelde voor dat Wank de TVA zou blijven dienen als 'los-vaste architect, belast met speciale projecten'.[10]

Wank werd samen met F. Frank Cordner de hoofdarchitect van Greenhills, Ohio, gelegen op 8 km van de grens van de stad Cincinnati en 400 km ten noorden van de TVA-projecten. Greenhills, dat werd gebouwd tijdens het korte bestaan (van 1935 tot 1937) van de RA, was een moderne tuinstad, omgeven door een groengordel van 1.000 ha met de naam Winton Woods. Wank had in Cincinnati recentelijk successen behaald. Hij had hier voor de firma Fellheimer & Wagner gewerkt aan de Cincinnati Union Terminal (1929-1933), die nationaal werd geprezen.

Zowel de Union Terminal als Greenhills werd ontwikkeld en gerealiseerd in het kader van Cincinnati's indertijd progressieve planning. De stedenbouwkundige John Nolen had in 1923 aan de rand van de stad Ohio de opmerkelijke tuinstad Mariemont gebouwd. In 1925 voltooide de stad Cincinnati als eerste in de VS een alomvattend regionaal-stedenbouwkundig plan. Dit was een van de redenen waarom Rex Tugwell, die lid was van Roosevelt's *brain trust* en hoofd van de RA, het gebied rond Cincinnati zag als een goede plek om grootschalige plannen uit te rollen. Tugwell, die in politiek opzicht uitgesproken kritisch stond tegenover het kapitalisme, zag het regionale plan

5
Christine Macy en Sarah Bonnemaison, *Architecture and Nature Creating the American Landscape* (Londen: Routledge 2003).

6
Lewis Mumford, 'The Architecture of Power', *The New Yorker* 17/2 (1941), 58.

7
Derek H. Alderman en Robert N. Brown, 'When a New Deal Is Actually an Old Deal: The Role of TVA in Engineering a Racialized Jim Crow Landscape', in: Stanley Brunn (red.), *Engineering Earth: The Impacts of Mega-engineering Projects* (New York: Springer, 2011), 1901-1916.

8
William Leutchenberg, *The White House Looks South: Franklin D. Roosevelt, Harry S. Truman, and Lyndon B. Johnson* (Baton Rouge: Louisiana State University Press, 2005), 57.

9
Diane Harris, 'Race, Space, and the Destabilization of Practice', *Landscape Journal* 26 (2007), 1-9. Zie voor aanvullend commentaar op de rassenverhoudingen binnen de TVA: Alderman en Brown, 'When a New Deal Is Actually an Old Deal', op. cit. (noot 7).

10
Tim Culvahouse en Christine Macy, 'The Architect's Office of the Tennessee Valley Authority', in: Tim Culvahouse (red.), *The Tennessee Valley Authority: Design and Persuasion* (New York: Princeton Architectural Press, 2007), 40.

Roland Wank, Norris Dam and visitors' centre/ Norris Dam en bezoekerscentrum, Norris, Tennessee

Roland Wank & G. Frank Cordner, housing types/ woningtypen, Greenhills, Ohio, 1939

at hand.[7] Others cited the difficulty of passing legislation when southern politicians 'insisted on strict adherence to the imperatives of white supremacy in administering New Deal programs'.[8] The end result of the TVA as a regional megaproject can be said to reinforce and normalise the racism that was already present, what Diane Harris has referred to as a 'racialized landscape'.[9]

Fostering a Good Life in Greenhills, Ohio

Seeking to explore mass production in housing beyond the vernacular housing of Norris, Wank asked to step away from the TVA to devote more time to projects of the Resettlement Administration (RA), also created as part of Roosevelt's New Deal policies. Earle Draper suggested Wank would continue to serve as 'floating architect in charge of special projects' for the TVA.[10]

Wank emerged as the principal architect of Greenhills, Ohio, along with F. Frank Cordner, located 8 km from the edge of the city of Cincinnati's border and 400 km north of the TVA projects. Built during the short duration of the RA (from 1935 to 1937), Greenhills was a modern garden city surrounded by a 1000-hectare greenbelt called Winton Woods. For Wank, Cincinnati was a site of recent success. Here, he worked on the nationally regarded Cincinnati Union Terminal (1929–1933) while at the firm of Fellheimer & Wagner.

Both Union Terminal and the development of Greenhills occurred within the framework of progressive planning in Cincinnati at the time. The town planner, John Nolen, completed the noteworthy garden suburb of Mariemont, Ohio at the edges of the city in 1923. In 1925, the City of Cincinnati completed the nation's first comprehensive plan. In part, this drew Rex Tugwell, part of Roosevelt's brain trust and head of the RA, to the area surrounding Cincinnati as a place to implement large-scale planning. For Tugwell, whose politics were decidedly critical of capitalism, the comprehensive regional plan was a 'unifying, cohesive, constructive, and truly general force'.[11] Believing pre-industrial modes of government were ineffective for the times, Tugwell believed in modernising government to match the scale of private enterprise.

At Greenhills, Tugwell planned to implement a modern garden city for low-income people at the edge of urban expansion to thwart further speculation and provide a demonstration project for the rest of the country through a form of utopian cooperative living. Tugwell ultimately aspired to create hundreds of garden cities around the country, although the RA resulted in only three built projects: Greenhills, Ohio; Greenbelt, Maryland; and Greendale, Wisconsin. A combination of garden city principles, along with influences from Clarence Stein's Radburn, New Jersey and nearby Mariemont influenced the design as well as the site topography. Chief planner Justin Hartzog divided the site into two halves with curvilinear superblocks radiating to create shared green spaces between units. Similar to Radburn, Wank oriented the houses to face the lush green spaces of the greenbelt while cars and pedestrians entered through the back. While 1,000 units were initially considered, budget restrictions resulted in 676 units being constructed. Of these, 500 would be family units in multi-unit group housing. Four styles emerged, some taking cues from the local vernacular, while Wank's interests in mass production and the International Style also appear with clean lines, flat roofs and streamlined massings. Similar to experimentation in Norris, Wank deployed technologically modern kitchens with electrical appliances. At the centre of the community, a school, shopping centre and swimming pool anchored the overall site. Similar to the projects in the TVA, Greenhills was racially exclusive. While the adjacent burgeoning Black community of Lincoln Heights received funding for New Deal projects, the difference in benefits between the communities were stark.

7
Derek H. Alderman and Robert N. Brown, 'When a New Deal Is Actually an Old Deal: The Role of TVA in Engineering a Racialized Jim Crow Landscape', in: Stanley Brunn (ed.), *Engineering Earth: The Impacts of Mega-engineering Projects* (New York: Springer, 2011), 1901–1916.

8
William Leutchenberg, *The White House Looks South: Franklin D. Roosevelt, Harry S. Truman, and Lyndon B. Johnson* (Baton Rouge: Louisiana State University Press, 2005), 57.

9
Diane Harris, 'Race, Space, and the Destabilization of Practice', *Landscape Journal* 26 (2007), 1–9. For additional commentary on the race relations of the TVA, see: Alderman and Brown, 'When a New Deal Is Actually an Old Deal', op. cit. (note 7).

10
Tim Culvahouse and Christine Macy, 'The Architect's Office of the Tennessee Valley Authority', in: Tim Culvahouse (ed.), *The Tennessee Valley Authority: Design and Persuasion* (New York: Princeton Architectural Press, 2007), 40.

11
Rexford Guy Tugwell, 'The Fourth Power', *Planning and Civic Comment* 5/2 (1939), 1–31.

als een 'verenigende, samenhangende, constructieve en werkelijk algemene kracht'.[11] Hij vond dat pre-industriële bestuursvormen niet geschikt waren voor zijn tijd; hij geloofde in modernisering van de overheid, zodat die de schaal van het particuliere bedrijfsleven zou kunnen evenaren.

Met Greenhills wilde Tugwell een moderne tuinstad voor mensen met een laag inkomen bouwen aan de stadsrand om verdere speculatie tegen te gaan en een demonstratieproject af te leveren voor de rest van het land in de vorm van een utopisch coöperatieve woonomgeving. Tugwell streefde ernaar uiteindelijk honderden tuinsteden in het hele land te laten verrijzen, maar de RA leverde slechts drie projecten op: Greenhills in Ohio, Greenbelt in Maryland en Greendale in Wisconsin. Het ontwerp en de topografie van het terrein waren niet alleen beïnvloed door Clarence Stein's Radburn in New Jersey en het nabijgelegen Mariemont, maar ook door een combinatie van tuinstadprincipes. Hoofdontwerper Justin Hartzog verdeelde het terrein in twee helften, met gebogen superblokken die straalsgewijs geplaats waren om gemeenschappelijke groene ruimten tussen de blokken te creëren. Net als in Radburn oriënteerde Wank de woningen op de weelderige groengordel, terwijl auto's en voetgangers via de achterkant binnenkwamen. Aanvankelijk werd de bouw van 1.000 eenheden overwogen, maar door budgettaire beperkingen werden er uiteindelijk 676 gebouwd. Dit was inclusief 500 meergezinswoningen. Er ontstonden vier stijlen, sommige het resultaat van de lokale bouwstijl, terwijl Wank's belangstelling voor massaproductie en de International Style ook tot uiting kwam, en wel in strakke lijnen, platte daken en gestroomlijnde massa's. Net als in Norris experimenteerde Wank ook hier met moderne keukens vol elektrische apparaten. Een school, een winkelcentrum en een zwembad in het centrum van de gemeenschap verankerden het geheel. Net als in de projecten van de TVA was er in Greenhills sprake van apartheid. Hoewel de aangrenzende zwarte gemeenschap van Lincoln Heights wel financiering ontving voor New Deal-projecten, liepen de voordelen die de twee gemeenschappen binnen haalden, sterk uiteen.

Wreed optimisme en de infrastructuur van het gemeengoed

In veel opzichten kan de periode waarin het werk van Wank, de TVA en de RA plaatsvond, worden opgevat als een tijdperk van heroïsch modernisme dat vandaag de dag niet zou kunnen worden gereproduceerd. In de VS is de politieke steun voor dergelijke grootschalige interventies om verschillende redenen zowel aan liberale als aan conservatieve zijde niet langer aanwezig. Toch wordt de periode van de New Deal-programma's vaak nog gezien als een periode waarin planners, ingenieurs en de overheid al samenwerkend een enorm verschil wisten te maken.

De nalatenschap van veel New Deal-projecten is ook nu nog problematisch en er blijven zich nieuwe problemen voordoen. In Greenhills, bijvoorbeeld, kost het de lokale overheid moeite om de gemeenschap in stand te houden, sinds de federale overheid de stad in 1950 afstootte en aan de Greenhills Cooperative Association verkocht. Het oorspronkelijke aantal eenheden is sterk teruggebracht en dat betekent dat de kleine gemeenschap worstelt om een belastinggrondslag te behouden waarmee de oorspronkelijke woningen kunnen worden gehandhaafd. In 1935 schreef Clarence Stein een rapport ter beoordeling van de groengordelgemeenschappen en hij suggereerde dat zo'n stad een bevolking van ten minste 4.000 en idealiter nabij de 7.000 mensen nodig zou hebben.[12] In 1954, kort nadat de federale regering de stad had verkocht, werd 1.411 ha voor uitbreiding bestemde stadsgrond verkocht aan de naburige gemeente, waardoor de kans op financiële stabiliteit voor de lange termijn nog verder werd beperkt.[13] Onlangs, in 2009, heeft de lokale overheid 52 eenheden van de oorspronkelijke stad gesloopt, omdat men niet in staat was ze te onderhouden, en in 2017 is er een aantal meergezinswoningen afgebroken.

Net als Greenhills heeft het door de TVA bediende gebied nooit de beoogde ambities op het vlak van schaal of bosbehoud gerealiseerd.

11
Rexford Guy Tugwell, 'The Fourth Power', *Planning and Civic Comment* 5/2 (1939), 1-31.

12
Joseph L. Arnold, *The New Deal in the Suburbs: A History of the Greenbelt Town Program 1935-1954* (Columbus: The Ohio State University Press, 1971), 90-91.

13
Rita Walsh, 'Greenhills Historic District' Hamilton County, Ohio. National Register of Historic Places Inventory-Nomination Form, 1988. National Park Service, US Department of the Interior, Washington, DC.

Roland Wank & G. Frank Cordner, construction photo/ foto tijdens de bouw, Greenhills, Ohio, 1936

Waar oorspronkelijk werd begonnen met een reeks pogingen tot conservering en dambouw om boeren in moeilijkheden te helpen, ontstond al snel een centrum voor onderzoek en productie van kernwapens, voornamelijk in Oak Ridge, Tennessee, terwijl de uitdijende, snelweggerichte ontwikkeling er doorgaat. Tegenwoordig is de TVA het grootste federale nutsbedrijf, dat meer dan 10 miljoen mensen in het zuidoosten bedient. Maar zelfs de machtige hydro-elektrische dammen die de TVA architectonisch onderscheiden, vertegenwoordigen slechts 11 procent van de energieproductie van de TVA, en de productie van zonne- en windenergie slechts 3 procent. Momenteel is het de bedoeling dat de TVA de energieproductie uit aardgas gaat verhogen, terwijl de oudere centrales worden ontmanteld.[14]

Wat te denken van een dergelijke situatie? De oorspronkelijke ambities op het vlak van schaalvoordelen en behoud van bosgebied van de TVA en de RA zijn grotendeels onvervuld gebleven. Waar ze wel werden bereikt, raakten mensen verstrikt in een hiërarchische bureaucratische knoop die de overheid tot op de dag van vandaag niet wil of kan ontwarren. Ze verstevigden ook de raciale ongelijkheid waarvan de gevolgen ook nu nog voelbaar zijn. Architectuurcriticus Reyner Banham beschreef de TVA als een 'radicaal sociaal experiment dat "op de grond" op extreem conservatieve wijze werd uitgevoerd'.[15] Banham suggereerde dat TVA-bestuurders opereerden onder het mom van populisme en tegelijkertijd een afhankelijkheid van technocratische elites classificeerden met de woorden: 'Het volk is tegenwoordig hulpeloos zonder deskundigen.'[16]

Ondanks deze tekortkomingen zijn architecten, planners en progressief georiënteerde activisten nog steeds op zoek naar het optimisme dat met het New Deal-tijdperk wordt geassocieerd, en roepen ze ook nu nog op tot een ambitieuze Green New Deal. Als breed beleidsvoorstel zou de Green New Deal qua doel en reikwijdte vergelijkbaar zijn met de oorspronkelijke reeks programma's en projecten uit de tijd van Roosevelt.

Cultureel theoreticus Lauren Berlant bedacht in 2011 de term 'wreed optimisme', die zij definieert als 'een gehechtheid aan gecompromitteerde mogelijkheidscondities waarvan de verwezenlijking ofwel onmogelijk blijkt te zijn, of pure fantasie, of maar al te mogelijk, en giftig'.[17] Volgens Berlant is elke gehechtheid optimistisch en is 'wreed optimisme' de voorwaarde om gehecht te blijven aan een duidelijk problematisch object. Dit object presenteert zich als een 'cluster van beloften' en kan qua vorm een instelling, een politieke partij of zelfs een reeks alledaagse gewoonten zijn. In haar commentaar op de toename van infrastructuur en het smeden van coalities in de twintigste eeuw stelt Berlant dat 'planning kan worden gezien als een neurotische herinnering aan het optimisme van het vorige tijdperk', dat ervan uitging dat 'iedereen substantieel noodzakelijk was voor [het verkrijgen van] kapitaal'.[18]

Als je deze definitie afzet tegen projecten als Greenhills en die van de TVA, was het gezien de politieke beperkingen voor Rex Tugwell onmogelijk om de regionale ontwikkeling ingrijpend te veranderen via honderden, door de federale overheid gefinancierde nieuwe groengordelsteden. Tegenwoordig zijn zaken die binnen de huidige architectonische en politieke realiteit wellicht maar al te mogelijk zijn, waarschijnlijk giftig, of op zijn minst ontoereikend om grootschalige kwesties als de klimaatcrisis, infrastructurele collaps en rassenscheiding aan te pakken.

Wank en Tugwell voerden een van de meest politiek progressieve projecten in de Amerikaanse geschiedenis uit, geworteld in optimisme, in een poging om de schadelijke gevolgen van kapitalistische speculatie achter zich te kunnen laten. Wank's talent om het idee van een progressieve moderniteit te verkopen, verdoezelt echter de politieke realiteit van zowel die tijd als het huidige tijdsgewricht. De politieke kaders, hoe gunstig ook voor een experimentele progressieve architectuur ten tijde van Roosevelt, waren altijd al partijdig en bevooroordeeld. Als ze werden uitgevoerd benadrukten deze projecten de

14
Lisa Friedman, 'Largest Federal Utility Chooses Gas, Undermining Biden's Climate Goals', *The New York Times*, 17 maart 2022.

15
Reyner Banham, 'The Grand Job of the Century', *Habitat International* 5 (1981), 596.

16
Ibid.

17
Berlant, *Cruel Optimism*, op. cit. (noot 2), 24.

18
Lauren Berlant, 'The Commons: Infrastructures for Troubling Times*', *Environment and Planning D: Society and Space* 34/3 (2016), 409.

Cruel Optimism and the Infrastructure of the Commons

In many ways, the work of Wank, the TVA and the RA can be read as an era of heroic modernism that would not be reproduced today. The political landscape for such large-scale intervention in the United States is no longer supported for a variety of reasons coming from both liberal leaning and conservative factions. However, many still look to the New Deal as a period in which planning, engineering and government worked in concert to produce scalar difference.

The legacy of many New Deal projects is still problematic, and new issues continue to arise. In Greenhills, for example, the local government struggles to maintain the community since the federal government divested and sold the city t o the Greenhills Cooperative Association in 1950. A vast reduction in the original number of units built means the small community struggles to maintain a tax base to preserve the original homes. In 1935, Clarence Stein wrote a report assessing the greenbelt communities suggesting the town would need a population of at least 4,000 and ideally closer to 7,000 people.[12] By 1954, shortly after the federal government sold the town, 1,411 hectares of the town allocated for expansion were sold to the neighbouring community, further constraining any possibility of long-term financial sustainability.[13] Recently, the local government demolished 52 units of the original town in 2009 due to an inability to maintain them, and in 2017 tore down several more units of group housing.

Similar to Greenhills, the area served by the TVA never reached the scalar or woodland conservation ambitions originally intended for it. What originally began as a series of conservation and water damming efforts to help struggling farmers quickly transitioned to a centre of nuclear weapons research and production, primarily at Oak Ridge, Tennessee, while sprawling motorway-oriented development continues. Today, The TVA is the largest federally owned utility, serving more than 10 million people across the southeast. However, even the mighty hydroelectric dams that architecturally distinguish the TVA represent only 11 per cent of the TVA's energy production portfolio, and solar and wind production represent just 3 per cent. Currently, The TVA is projected to increase energy production through natural gas as older power plants are decommissioned.[14]

What to make of such a situation? The initial scalar and social ambitions of the TVA and the RA went largely unfulfilled. Where implementation did occur, it tied people into a top-down bureaucratic bind that government today seems unwilling or unable to attend to. It also cemented racial disparities, the effects of which can still be felt. Architecture critic Reyner Banham described the TVA as a 'radical social experiment administered "on the territory" with extreme conservatism'.[15] Banham suggested that TVA administrators operated under the guise of populism while codifying a dependency on technocratic elites saying: 'The people are now helpless without the experts.'[16]

Despite these shortcomings, architects, planners and progressively oriented activists still seek the optimism associated with the New Deal era, calling for an ambitious Green New Deal today. As a broad policy proposal, the Green New Deal would be similar in aim and scope to the initial set of programmes and projects of the Roosevelt era.

In 2011 cultural theorist Lauren Berlant coined the term 'cruel optimism', which she describes as 'a relation of attachment to compromised conditions of possibility whose realization is discovered either to be impossible, sheer fantasy, or *too* possible, and toxic'.[17] According to Berlant, all attachment is optimistic and cruel optimism is the condition of maintaining an attachment to a significantly problematic object. This object presents itself as a 'cluster of promises' and might be an institution, political party or even everyday habits. Commenting on infrastructural expansion and building coalitions in the twentieth century, Berlant offers that: 'Planning can be seen as a neurotic

12
Joseph L. Arnold, *The New Deal in the Suburbs: A History of the Greenbelt Town Program 1935–1954* (Columbus: The Ohio State University Press, 1971), 90–91.

13
Rita Walsh, 'Greenhills Historic District' Hamilton County, Ohio. National Register of Historic Places Inventory-Nomination Form, 1988. National Park Service, US Department of the Interior, Washington, DC.

14
Lisa Friedman, 'Largest Federal Utility Chooses Gas, Undermining Biden's Climate Goals', *The New York Times*, 17 March 2022.

15
Reyner Banham, 'The Grand Job of the Century', *Habitat International* 5 (1981), 596.

16
Ibid.

17
Berlant, *Cruel Optimism*, op. cit. (note 2), 24.

bestaande sociale ongelijkheid, terwijl ze verdere sociale ongelijkheid introduceerden door technocratische planning van bovenaf. De allure van Wank's architectuur voedt een optimisme dat inderdaad aantrekkelijk is voor veel mensen die vandaag de dag een architectonische, ecologische en publieksgerichte agenda op enige schaal willen uitvoeren. Het kan echter een daad van 'wreed optimisme' zijn om voortdurend aan te sluiten bij bestaande bouwcoalities en politieke kaders, in de hoop het deze keer 'goed te doen' — ondanks talloze tekenen dat een dergelijke agenda niet mogelijk of zelfs niet wenselijk is. Een alternatieve agenda zou afstand kunnen nemen van de comfortabele professionele afstemming van de architectuur op deze instellingen en zich in plaats daarvan focussen op de herinrichting van instituties en een beroep op meer daadkracht. Als gehechtheid altijd optimistisch is, dan kan het zoeken naar een alternatieve verbinding uiteindelijk een andere configuratie opleveren, één die geschikt is om de talloze crises van deze tijd het hoofd mee te bieden.

Vertaling: InOtherWords, Maria van Tol

reminder of the previous era's optimism that everyone, or anyone, could be significantly necessary to [acquire] capital.'[18]

Reading this definition against projects like Greenhills and the TVA, it was an impossible reality for Rex Tugwell to dramatically alter regional development through hundreds of federally funded greenbelt new towns, given political constraints. Today, things that might be *too* possible within current architectural and political reality are likely toxic or at the very least inadequate to address the large-scale matters of concern like the climate crisis, infrastructural collapse and racial segregation.

Both Wank and Tugwell implemented one of the most politically progressive projects in the country's history, rooted in an optimism to transcend the detrimental impacts of capitalist speculation. However, Wank's talents at selling an idea of progressive modernity obscure the political realities of the time and of today. The political frameworks, however favourable they may have been for experimental progressive architecture during the Roosevelt era, were always only ever partial. And, when implemented, these projects recreated existing social disparities while introducing new ones through top-down technocratic planning. The allure of Wank's architecture fosters an optimism that is indeed attractive to many today who wish to implement an architectural, ecological and publicly oriented agenda at scale. However, it may be an act of cruel optimism to continually realign oneself with existing building coalitions and political frameworks in the hope to 'get it right this time around', despite numerous signs that such an agenda is not possible or even desirable. An alternative agenda might be to step away from the comfortable professional alignment of architecture with these institutions and focus instead on reimagining institutions and the profession in ways that foster more agency. If all attachments are optimistic, then seeking alternative attachments may ultimately provide a different configuration suited to the extended multiple crises at hand.

18
Lauren Berlant, 'The Commons: Infrastructures for Troubling Times*', *Environment and Planning D: Society and Space* 34/3 (2016), 409.

John McMorrough

Opeenvolgende mislukkingen
Een nieuwe visie op 'hoopvol ontwerp' in de architectuur

Gebouwen mislukken, allemaal, vroeg of laat, om uiteenlopende redenen. Soms zijn deze mislukkingen technisch van aard (zoals een barst in de weersafdichting, met erosie en instorten tot gevolg); soms zijn ze maatschappelijk (zoals een bepaald gebruik dat niet langer in trek is, wat leidt tot leegstand en, na verloop van tijd, sloop). Hoe het ook precies zit, vroeg of laat houdt alles wat gebouwd is (paradigmatisch: 'een gebouw') op te functioneren op een manier die aanvaardbaar wordt geacht (dat wil zeggen: het 'schiet tekort'). Dit is geen kwestie van toeval of ongelukkige omstandigheden, en komt niet alleen zo nu en dan voor, maar altijd, op de een of andere manier op een bepaald moment. Gebouwen maken van het begin af aan een proces door dat uitmondt in verval. Als begin voor een gedachte-experiment (of epistemologisch raadsel) over de verwachte levensduur van constructies, is het een weinig veelbelovend hypothetisch uitgangspunt; niettemin is het een onontkoombaar gegeven.

Architectuur ontstaat als antwoord op de beperkingen van het bouwen. In het kennisgebied van de architectuur kan de onderliggende motivatie van de verschillende architectonische uitingen om zowel voor de hand liggende (voorzien in een adequate structuur) als onduidelijke (het ritmisch patroon van kolommen) redenen worden opgevat. Dat betekent dat architectuur bezig is met het voorkomen, of ten minste verbeteren, van de precaire condities van het bouwen. De architectuur streeft er in al haar verschijningsvormen naar (ook al slaagt zij daar uiteindelijk niet in) om het onverbiddelijke verval en de ondergang van gebouwen te voorkomen. In het licht van het falen van gebouwen blijft de architectuur — in termen van bouwtechniek en mythevorming — een discipline van hulpmiddelen en ondersteuning.

Gezien het compenserende karakter van de architectuur versus het bouwen is het misschien niet verwonderlijk dat sommige mensen architectuur beschouwen als een overbodige onderneming, die de 'echte' problemen verdoezelt. En als architectuur niet in staat is haar beloften waar te maken, wordt zij ook als een mislukking gezien. Deze teleurstelling over de architectuur is des te heviger omdat haar ambities niet overeenstemmen met haar capaciteiten: ze belooft méér (geëxtrapoleerd: de volledige correctie van alle problemen in de bouw) dan zij ooit zal kunnen waarmaken (concepten hoe gebouwen te configureren). Naast de inherente moeilijkheden van de architectuur is ze ook loyaal aan het kapitaal, met zijn reputatie van macht en autoriteit, en daardoor een geschikt mikpunt van eeuwige kritiek. Dit scepticisme manifesteert zich binnen verschillende culturele diagnoses, van marxisme tot postmodernisme en van deconstructie tot postkolonialisme, die de architectuur allemaal gelijkstellen aan repressieve hegemonie. Deze bezwaren tegen patronage en patrimonium zijn door recente ontwikkelingen, zoals een breder spectrum met betrekking tot inclusie, verlichting van arbeid en aanpak van de huidige klimaatrampen, alleen maar gegroeid. Een eerdere verwijzing naar deze steeds duidelijker wordende tendens om het idee van een integrerende architectuur te verwerpen, is te vinden in het werk van Manfredo Tafuri. In de conclusie van zijn *Architecture and Utopia* stelt Tafuri: 'Vandaag de dag is het immers de belangrijkste taak van de ideologische kritiek om een einde te maken aan de machteloze en ineffectieve mythen die zo vaak dienstdoen als illusies, die het voortbestaan van het anachronistische "hoopvolle ontwerp" mogelijk maken.'[1]

Dergelijke analyses zijn erop gericht het geloof in ontwerp als oplossing te verdringen. De methode hiertoe is om de operationele kritiek (het theoretische discours dat de architectuur en

1
Manfredo Tafuri, *Architecture and Utopia: Design and Capitalist Development* (Cambridge, MA: MIT Press, 1976), 182.

John McMorrough

Successive Failures
Reframing Architecture's 'Hopes in Design'

Buildings fail. All of them, eventually. The reasons for this vary. Some are technical (a break in the weather seal that leads to erosion and, in turn, collapse). Some may be social (a configuration for use that is no longer needed, leading to abandonment and, over time, demolition). Whatever the specifics, sooner or later, everything constructed (paradigmatically, 'building') stops operating in a manner considered acceptable (that is, it 'fails'). This outcome is not a matter of accident or unfortunate circumstance that only occurs sometimes, but in every instance in some way and at some point. From the moment of their inception, buildings are within a process that culminates in expiry. As the opening premise for a thought experiment (or epistemological riddle) regarding the estimation of construction, it is an inauspicious hypothetical upon which to build; nonetheless, it is an ineluctable given.

Architecture emerges in response to the limits of building. As a field of knowledge, the underlying motivation of its various expressions, in ways that are both obvious (in the provision of adequate structure) and obscure (the rhythmic pattern of intercolumniation of that structure), can be understood as dedicated to precluding, or at least ameliorating, the precarious conditions of building. Throughout the range of manifestations, its aspiration (even if ultimately unsuccessful) is to forestall buildings' inexorable decline and fall. In the face of building failure, architecture abides in terms of constructive technologies and conjectural myths, a discipline of supports and crutches.

Given the compensatory nature of architecture vis-à-vis building, it is perhaps not surprising that some can see it as a superfluous undertaking, an obscuring of 'real' problems. In its inability to fulfil its promise, architecture is also seen as a failure. This disappointment with architecture is all the more vehement as its aspirations are so out of alignment with its capacities; it promises more (which by extrapolation is the comprehensive correction of all buildings' issues) than it could ever deliver (concepts of how buildings could be configured). In addition to its constitutive difficulties, architecture has an allegiance to capital and, as an embodiment of power and authority, it has been an apt subject of perennial critique. This scepticism manifests across various cultural diagnoses, from Marxism to postmodernism to deconstruction to postcolonialism, all of which make architecture synonymous with repressive hegemony. These misgivings regarding patronage and patrimony have only been expanded by recent developments (broadening the spectrum of inclusion, lessening labour's burden and addressing ongoing climate emergencies). An earlier citation of this increasingly evident tendency to disavow architecture's imaginary of integration can be seen in the work of Italian historian Manfredo Tafuri. In conclusion to his considerations of *Architecture and Utopia*, Tafuri calls for the dismantling of the claim of their elision: 'Today, indeed, the principal task of ideological criticism is to do away with impotent and ineffectual myths, which so often serve as illusions that permit the survival of anachronistic "hopes in design".'[1]

Such analytical efforts aim to displace belief in design as deliverance. The method for accomplishing this is based on the disavowal of operative criticism (the theoretical discourse supporting architecture and its developments) in favour of articulating the historical frameworks that underwrite architecture's exaggerated claims. In the wake of this articulation and a subsequent division of labour between theory and practice, architecture's discursive complex (historians, curators and other critics) has come to occupy a role as opposing counsel (like attorneys representing the other side in a legal dispute), axiomatically dedicated to dismantling the edifice of architecture through the systematic debunking of its

1
Manfredo Tafuri, *Architecture and Utopia: Design and Capitalist Development* (Cambridge, MA: MIT Press, 1976), 182.

haar ontwikkelingen ondersteunt) te verwerpen ten gunste van de articulatie van de historische kaders die de basis vormen van de overdreven claims van de architectuur. In het kielzog van deze articulatie, en de daaropvolgende taakverdeling tussen theorie en praktijk, is het discursieve geheel van de architectuur (historici, curatoren en andere critici) de rol van advocaat van de duivel gaan spelen. Net als advocaten die de tegenpartij vertegenwoordigen bij een juridisch geschil, zijn critici zich er axiomatisch op gaan toeleggen het bouwwerk van de architectuur af te breken door haar beweringen systematisch te ontkrachten.[2] Vanuit een dergelijk kritisch perspectief is architectuur als onderwerp en als discipline geen oplossing, maar een probleem dat moet worden overwonnen, met nieuwe ontologieën in het vooruitzicht.

Vervolgens rijst de vraag, als de bevrijding van de repressieve 'architectuur' eenmaal heeft plaatsgevonden, welke productiemethoden er in haar kielzog volgen? Welke middelen zijn er om het probleem van gebouwen rechtstreeks aan te pakken? Een kort overzicht van alternatieven laat een scala van mogelijkheden en beperkingen zien.

Bij een traditionele benadering ontwikkelt zich via accumulatie langzaam een conventionele reeks bouwpraktijken.[3] Als ware het een evolutieproces met kleine afwijkingen doorloopt deze pragmatische benadering het hele gamma van plaatselijke geschiedenissen tot eigentijds, empirisch onderbouwd ontwerp. Zo'n methode heeft het voordeel van toepasbaarheid, aangezien de aandacht gericht is op specifieke voorbeelden, maar de kwestie van vernieuwing valt buiten haar bereik. Zij kan zich enigszins aanpassen aan kleine veranderingen, maar houdt zich niet bezig met innovatie.

Een alternatieve benadering zou zijn om helemaal opnieuw te beginnen, een methodologische *tabula rasa* die voorziet in een fundamentele heroverweging van zowel de middelen als de methoden van de praktijk — om zo tot nog niet eerder bedachte, betere oplossingen te komen. Deze tendens kan generaties lang worden doorgezet, aangezien elk paradigma probeert de onopgeloste kwesties van het vorige te corrigeren. Recente versies hiervan voeren de implicatie van de extractieve praktijken van het bouwen tot zijn *reductio ad absurdum*, de stopzetting van ál het bouwen; of dit een tijdelijke of permanente situatie is, valt nog te bezien.[4] Op deze manier kunnen idealiter nieuwe en bestaande kwesties aangepakt worden die voorheen ondenkbaar waren, maar ironisch genoeg zien we hier een herhaling van de dominante hybris die vaak wordt gerelateerd aan eerdere ontwerpparadigma's: namelijk de pretentie dat er met zoveel factoren rekening kan worden gehouden, dat alle gevolgen kunnen worden voorspeld.

Een laatste benadering (in deze opsomming, maar ook als extreme implicatie) zou creatief misbruik kunnen aanmoedigen met als doel een breuk te creëren: een barst in de epistemische logica waardoor andere praktijken als feniksen uit de as van het verleden kunnen verrijzen.[5] Dit idee sluit niet alleen aan bij de geschiedenis van de avant-garde, de geplande, bevrijdende én ontwrichtende werkwijze van bijvoorbeeld een Dada of Fluxus, maar ook bij een reeks andere institutionele kritieken. Deze benadering werpt liefst bestaande formele en conceptuele structuren omver, maar doet, met haar focus op de vernietiging van eerdere normen, geen uitspraken over de vorm van de daaropvolgende ontwikkeling; wat die opening komt opvullen, blijft onzeker.

Al deze benaderingen functioneren op een manier die coherent en constructief is binnen zijn eigen opvatting. Maar elke benadering is beperkt tot zijn relatieve termen (incrementeel, alwetend of vluchtig) — stuk voor stuk exclusieve implicaties die eigen zijn aan de definitieve grenzen van elke benadering.

Dus welke eigenschappen bezit het ideale gebouw op zijn minst? Is het mooi? Is het stevig? Is het ecologisch? Is het maatschappelijk representatief? Wat zijn de kosten (financieel en met

2
Ana María León, 'The Boudoir in the Expaded Field', *Log* 11 (2008), 82.

3
Een voorbeeld van een architectonisch ontwikkelingsperspectief is te vinden in: Bell Hooks, 'Black Vernacular: Architecture as Cultural Practice', in: Bell Hooks, *Art on My Mind: Visual Politics* (New York: The New Press, 1995), 145–151.

4
Deze tendens is bijvoorbeeld te vinden in een recent cursusaanbod van de Harvard University Graduate School of Design, 'STU-1506- A Moratorium on New Construction' (Charlotte Malterre-Barthes, syllabus, Harvard University Graduate School of Design, voorjaar 2022).

betrekking tot de aardbol), en wat biedt het (toegang en vrijstelling)? De conclusie van deze litanie moet natuurlijk zijn, dat het perfecte gebouw een hersenschim is: gemakkelijk voorstelbaar, maar onrealiseerbaar. Als dit raadsel slechts een technische kwestie zou zijn, zou het (misschien niet gemakkelijk) kunnen worden opgelost, maar er is geen definitieve en uiteindelijke oplossing voor de veelvormigheid van de architectuur. Het probleem van het bouwen (economisch, technologisch en maatschappelijk, dus eigenlijk alles) kent niet één oplossing, maar kan wel worden geadresseerd via allerlei over en weer uit onderhandelde mogelijkheden en dilemma's. Als er eenmaal onderdak is geregeld, dan treden er andere, meer uitgebreide en esoterische motieven op de voorgrond. De tegenstrijdigheden waarmee zelfs de meest algemene onderdelen van het bouwen gepaard gaan, sluiten een definitieve oplossing uit, en de hoeveelheid mogelijke configuraties wordt alleen maar groter doordat de omstandigheden verschillen. Uit deze doos-van-Pandora-van-het-zelfbewustzijn komt de architectuur niet tevoorschijn als een serie morbide codes of voorschriften, posities of identiteiten, maar als een opkomende epistemologie. Gemeten aan de hoeveelheid aan architectuur gewijde beschouwingen is zij geen ding, maar een toestand.

Maar misschien bekijken we deze impasse vanuit het verkeerde perspectief? In relatie tot thema's als technologie, economie, politiek en identiteit, benadrukken verschillende kritische posities in een soort retorische overeenstemming het dreigende falen van de architectuur; het vooroordeel (en de bevestiging) van deze zienswijze interpreteert elke tekortkoming als een nieuwe hamer waarmee de architectuur aan het kruis kan worden genageld. In plaats van de kansloosheid van het architectonisch toppunt als een staat van genade, zouden de onvermijdelijke beperkingen van de architectuur ons tot nadenken moeten stemmen. De interpretatie van de Sisyfusarbeid door schrijver en filosoof Albert Camus kan dit verhelderen. Ter herinnering: Sisyphus werd door de goden vervloekt om zijn snode daden en gedwongen een rotsblok een berg op te rollen; als hij de top had bereikt, rolde het rotsblok terug naar de voet. Dit patroon moest tot in de eeuwigheid worden herhaald, strevend naar een doel dat nooit definitief zou worden bereikt. Het verhaal roept frustratie op, maar Camus interpreteert het anders; hij stelt namelijk dat absurde omstandigheden ondanks het zwoegen en de zinloosheid geaccepteerd kunnen worden: 'men moet zich Sisyphus gelukkig voorstellen'.[6] Volgens zo'n model voor architectuur zou er, ondanks de beproevingen bij haar totstandkoming, sprake kunnen zijn van enthousiasme, ongeacht haar uiteindelijke nutteloosheid. In dit licht kan het historische traject van de architectuur, haar wilskracht, worden gevonden in het begrijpen van de noodzakelijke herhaling van haar pogingen tot verwezenlijking in het licht van frustratie.

Architectuur (als de zelfbewuste reflectie op de omstandigheden van het bouwen) is gedoemd keer op keer te mislukken. Binnen die onvermijdelijkheid is het misschien niet de singulariteit van die uitkomst die veelbetekenend is, want alles mislukt, maar is de herhaling dat. In plaats van de aandacht te richten op de litanie van gebreken waardoor de architectuur medeplichtig is aan elk extern gegeven, moet een heroverweging van de betekenis niet langer uitgaan van de merkwaardige fixatie op de onvermijdelijke *resultaten* die gebouwen opleveren, maar ook de *gevolgen* van de architectonische onderneming proberen te begrijpen. Deze 'opeenvolgende' mislukkingen geven, ondanks het uiteindelijke consistente resultaat, ten minste voor de duur van hun totstandkoming een gevoel van mogelijkheid, van een herhaalde ('successievelijke') kans op welslagen. De invloed van de architectonische gebeurtenis, als een unieke configuratie of zelfs als een relatief conservatief nieuw gebouw, bestaat uit het enthousiasme van haar vermogen om een (heel kleine) nieuwe wereld te verkennen en te bewonen. Het steeds weer (en wéér, en wéér) aanzetten tot een nieuwe bestaanswijze, al is het maar als een voorbijgaande reactie, is een zinvolle prestatie.

Het optimisme van de architectuur komt voort uit haar noodzaak om veel dingen te synthetiseren, uit de generieke verantwoordelijkheid voor huisvesting die zij draagt, en uit het representatieve vermogen waarmee zij andere manieren

5
Een versie van deze benadering, met architectuur als aangever, is te vinden in: Jack Halberstam, *The Queer Art of Failure* (Durham, NC: Duke University Press, 2011).

6
Albert Camus, *The Myth of Sisyphus, and Other Essays* (Londen: H. Hamilton, 1965), 123.

assertations.[2] From such critical perspectives, architecture (as a subject and profession) is not a solution, but a problem to be overcome, allowing the building of new ontologies.

The question then becomes, freed of the repressions of 'architecture', what are the modes of fabrication that follow in its wake? What means are there to address the problem of buildings directly? A brief survey of alternatives shows a range of capacities and relative limits.

A traditional approach would be slowly developing by accumulation into a conventional set of building practices.[3] As a process of evolution born of minor deviations, its pragmatic approach runs the gamut from vernacular histories to contemporary evidence-based design. Such a method has the benefit of applicability, as its attention is focused on specific instantiations, but the question of innovation is outside of its scope. It can modify slightly in relation to minor changes but cannot originate.

Another approach would be to start completely anew, a methodological tabula rasa that would take on a fundamental re-envisioning of both means and methods of practice to come up with better solutions heretofore unimagined. This impulse can be tracked generationally, as each paradigm attempts to correct the outstanding issues of the previous one. Recent versions of this follow the implication of building's extractive practices to its *reductio ad absurdum* implication, the cessation of all building; whether this is a temporary or permanent situation remains to be seen.[4] The aspiration of this approach includes the ability to address new and existing concerns in ways previously unthinkable; however, it ironically repeats the totalising hubris often attributed to earlier design paradigms, the pretence that there could be a sufficient calculation of factors to predict all of its consequences completely.

A final approach (both in this sequence and in the extremity of its implication) would be to encourage creative misuse to create a rupture, a break in epistemic logic that would clear an opening for other practices to arise, phoenix-like, out of past detritus.[5] Such an approach parallels the history of the avant-garde, the range of liberatory practices of planned disruptions such as Dada, Fluxus and a line of other institutional critiques. This disposition privileges the overturning of existent formal and conceptual structures, but with its focus on the destruction of previous standards it makes no informed claims as to the shape of subsequent development; whatever comes to occupy that opening is left ambiguous.

Each of these approaches operates in a way that is coherent and constructive within its own conception. Each, however, is limited to its relative terms (incremental, omniscient or aleatory) — all exclusive implications peculiar to the definitive limits of each approach.

What, then, are the sufficient qualities of the ideal building? Is it beautiful? Is it sturdy? Is it ecological? Does it represent society? What are its costs (financial and planetary), and what does it afford (access and allowance)? Of course, the realisation of this litany is that the perfect building is a chimera, easy to imagine, impossible to realise. If this conundrum were just a technical issue, it could be (perhaps not easily) solved, but there is no definitive and final resolution to architecture's multiplicities. The problem of building (of economics, technology and society, therefore everything) is not a singular fix but rather an ever-changing set of mutually negotiated affordances and dilemmas. Once mere shelter is provided, other more expansive and esoteric considerations come to the fore. The countervailing impulses that constitute even the most general issues entailed within building preclude definitive resolution, and the possible versions of configuration are only extended further by the specificity of circumstance. Out of this Pandora's Box of self-awareness, architecture arises not as a specific set of morbid codes or regulations, positions or identities, but rather as an emergent epistemology. In its extensive considerations, it is not a thing but a condition.

Perhaps this impasse has been considered from the wrong perspective. In relation to the themes of technology, economics, politics and identity, the rhetorical commonality in various critical positioning

2
Ana María León, 'The Boudoir in the Expanded Field', *Log* 11 (2008), 82.

3
An example of a developmental perspective of architecture can be seen in: Bell Hooks, 'Black Vernacular: Architecture as Cultural Practice', in: Bell Hooks, *Art on My Mind: Visual Politics* (New York: The New Press, 1995), 145–151.

4
This tendency is exemplified in a recent course offering at the Harvard University Graduate School of Design, 'STU-1506- A Moratorium on New Construction' (Charlotte Malterre-Barthes, syllabus, Harvard University Graduate School of Design, Spring 2022).

van doen aanschouwelijk kan maken. Deze drieledige articulatie met Vitruviaanse ondertoon is geen functie van een soort tijdloze essentie, maar eerder het gedetailleerde resultaat van de bemiddelende status van de architectuur. Zij bevindt zich tussen noodzakelijkheid en transcendentie, aangezien zij tegelijkertijd reflecteert en constitueert, en bemiddelt tussen goede voorbeelden en apocalyptische verbeteringen, parallel aan en vooruitlopend op de wereld waarin zij wordt gemaakt. In het isolement van het individuele geval is het gebouw (en zijn architectuur) zowel volledig (het totaliseert een gegeven omstandigheid) als onvolledig (het is een fragment van een totale conceptie). De tekortkomingen van het specifieke project als gebouw, of van het Project van de individuele architect als ideologie, betekenen een kans op samenwerkingsverbanden binnen de discipline; elke gemiste kans is een kans op reorganisatie.

Architectuur is geen teleologie van lineaire vooruitgang, maar eerder een kwestie van geloof. De opeenvolgende mislukkingen van de architectuur zijn een bewijs van een aanhoudend hoopvol ontwerpen — niet in de zin van idealen die zoveel van haar critici hebben achtervolgd, maar als het pragmatische en paradigmatische antwoord van het mogelijke versus het onbereikbare. Ondanks de voortdurende frustratie bestaat de architectuur van het optimisme uit bouwen zonder precies te weten wat de dag van morgen zal brengen, ook al is het waarschijnlijk dat dat meer mislukkingen zullen zijn.

Vertaling: InOtherWords, Maria van Tol

foregrounds architecture's imminent failure; the confirmation bias of this outlook takes every deficiency as another hammer with which to nail architecture. Instead of the impossibility of architectural culmination as a state of grace, perhaps the inevitability of limits should be the starting point for reflection. The interpretation of the labours of Sisyphus by French existential philosopher Albert Camus is of use here. To recall, Sisyphus, cursed by the gods for his nefarious actions, was compelled to roll a boulder up a mountain; and, upon cresting the summit, the boulder would roll back down to the base. This pattern was to be repeated for all eternity in pursuit of a goal never to be conclusively achieved. The story evokes exasperation; however, Camus offers another interpretation, that despite the toil and pointlessness, there is an acceptance of the absurd circumstance, 'one must imagine Sisyphus happy'.[6] Such a model for architecture would see, in its *travails* amid the complexity of its formation, an enthusiasm, regardless of its ultimate futility. In this light, the historical trajectory of architecture, its volition, can be found in understanding the necessary recurrence of its attempts at instantiation in the face of frustration.

Architecture (as the self-conscious consideration of the issues entailed within building) is bound to fail each time. However, in this inevitability, the singularity of that outcome may not be the significant fact, as all things fail, but perhaps the repetition is. Instead of a focus of attention on the litany of defects with which architecture is complicit with every externality, a reconsideration of significance would shift from the peculiar fixation on the unavoidable *effects* of buildings but would instead also seek to comprehend the *affects* of the architectural undertaking as well. These 'successive' failures, despite the consistency of their ultimate outcomes, give, at least for the duration of their becoming, a sensation of possibility, a 'success-ive' potential. The impact of the architectural occurrence, as either an unprecedented configuration or even as a relatively conservative but new building, is the enthusiasm of its capacity, a (very small) new world to be explored and inhabited. To make, again and again (and again and again), the excitation for a new mode of existence, if even as a transient response, is a meaningful accomplishment.

The optimism of architecture is borne of its necessity to synthesise multiplicity, its responsibility to bear the weight of accommodation, and its representational aptitude to render vivid another way of things. This tripartite articulation with its Vitruvian overtones is not a function of some timeless essence, but rather the elaborative outcome of architecture's mediating status between necessity and transcendence, as it simultaneously reflects and constitutes, adjudicating between best practice and apocalyptic remediation in parallel and advance of the world in which it is made. In the isolation of the individual instance, the building (and its architecture) is both complete (totalising a given circumstance) and incomplete (fragmentary of a total conception). The shortcomings of the specific project as a building or the individual architect's Project as ideology is an opportunity for synthetic disciplinary elaboration, each missed opportunity a chance for reorganisation.

Architecture is not a teleology of linear progress but rather a leap of faith. The successive failures of architecture are a testament to continuing hopes in design, not as the ghost of ideality that has haunted so many of its critiques but as the pragmatic and paradigmatic response of possibility in the face of the unattainable. Despite its continuing frustrations, the architecture of optimism is to build not knowing exactly what tomorrow brings, even though it is likely that what it brings will be more failures.

5
One version of this approach, using architecture as a foil, can be found in Jack Halberstam, *The Queer Art of Failure* (Durham, NC: Duke University Press, 2011).

6
Albert Camus, *The Myth of Sisyphus, and Other Essays* (London: H. Hamilton, 1965), 123.

Andjelka Badnjar Gojnić

Culture-Creating Practices

The Case of Building by Voluntary Action

Only with activism in culture-creating, György Márkus argued, can the opposition between reason and imagination be overcome so that they can appear in authentic unity, replacing old antinomies between passion and reason. This text explores culture-creating practices as a possible mark of optimism in architecture, with the post-war New Belgrade construction site as the protagonist. Volunteers gathered there to build a brand-new city, envisioned as the capital of a new society. What is the story that fuelled their optimism about the feasibility of the construction task?

Culturele praktijken

Het verhaal over bouwen als vrijwillige actie

Alleen in het geval van activistische culturele praktijken, zo betoogde György Márkus, kan de tegenstelling tussen rede en verbeelding worden overwonnen, zodanig dat ze als een authentieke eenheid verschijnen en de oude antinomieën tussen passie en rede vervangen. Deze tekst onderzoekt de culturele praktijk als een mogelijk teken van optimisme in de architectuur, met de naoorlogse bouwplaats Nieuw Belgrado in de hoofdrol. Daar kwamen vrijwilligers bijeen en begon men met de bouw van een gloednieuwe stad die bedoeld was als de hoofdstad voor een nieuwe samenleving. Welk verhaal gaat er schuil achter hun optimisme over de haalbaarheid van de bouwopgave?

Andrea Alberto Dutto

On Another Shelter in Paradise

The realistic optimist is someone who assumes the 'I-can-do-it' attitude instead of the 'it-will-happen' attitude. In the American counterculture this 'I-can-do-it' attitude is well represented in Ralph Borsodi's 'how-to' books, promoting self-reliant homesteading as a remedy to the Great Depression. Inspired by Borsodi's legacy, how-to-do-it books for owner-builders are published by Ken Kern in the early 1960s. The *Last Whole Earth Catalog* (1972) presents his books alongside those about short-lived hippie techno-utopian shelters. In the late 1970s, Kern sustains the 'I-can-do-it' attitude, promoting owner-built shelters against hypocritical US authorities.

Over een ander onderkomen in het paradijs

De realistische optimist is iemand die de 'ik-kan-het' houding aanneemt in tegenstelling tot de onrealistische 'het-gebeurt-wel' houding. In de Amerikaanse tegencultuur is deze 'ik-kan-het' houding goed vertegenwoordigd in de Hoe-pak-ik-het-aan boeken van Ralph Borsodi, die zelfvoorzienende *homesteader*-nederzettingen promootte als remedie tegen de Grote Depressie. Geïnspireerd door Borsodi's nalatenschap, publiceerde Ken Kern begin jaren 1960 Hoe-pak-ik-het-aan boeken voor zelfbouwers. De *Last Whole Earth Catalog* (1972) presenteert zijn boeken naast de techno-utopische onderkomens van kortstondige hippie-communes. In de late jaren 1970 houdt Kern de 'ik-kan-het' houding in stand door zelfbouwhuizen te promoten als tegengas tegen de hypocrisie van Amerikaanse autoriteiten.

Romain Barth

A Diorama of Collective Optimism

This article focuses on Ken Loach's film *Jimmy's Hall* (2014). A collective organization emerges and settles in a hall: an empty and elementary space not defined by predetermined uses. Condensing many activities produced by and for the collective, the hall turns into a reduced setting for a desired form of community life, creating a collective optimism, but also a political conflict in the community.

Een diorama van collectief optimisme

In dit artikel staat de film Jimmy's Hall (2014) van Ken Loach centraal. Een collectieve gemeenschap ontstaat en vindt een onderkomen in een hal: een lege en elementaire ruimte die niet van tevoren is gedefinieerd voor een bepaald gebruik. Door de vele activiteiten die door en voor het collectief worden aangeboden, verandert de hal in een decor voor een gewenste vorm van gemeenschapsleven, waardoor een collectief optimisme en tegelijkertijd een politiek conflict in de gemeenschap ontstaat.

Filipe Magalhães

A Song of Ice and Fire

The text reflects on how fala atelier places itself within the discipline and isolates the two universes of the practical and the disciplinary. It is suggested that, on a meta level, within the context in which fala operates, they can't be merged, appearing consciously in opposition to each other. In a politically charged moment in time, the text deconstructs the complexity of a problematic situation by assuming a clear preference for the disciplinary condition over the service provider role of the architect. In conclusion, it is stated that the work of the architect goes far beyond the building, which is just a by-product, an excuse to allow the author to produce more content, maybe in an art form. The author and its production are placed at the centre of the process.

Een lied van ijs en vuur

De tekst reflecteert op hoe fala atelier zichzelf binnen de discipline plaatst en de twee universums van het praktische en het disciplinaire uit elkaar weet te houden. Er wordt gesuggereerd dat, op metaniveau, in de omgeving waar fala opereert, deze universums niet kunnen worden samengevoegd en bewust tegenover elkaar worden gezet. Op een politiek geladen moment deconstrueert de tekst de complexiteit van een problematische situatie door uit te gaan van een duidelijke voorkeur voor de disciplinaire conditie boven de dienstverlenende rol van de architect. Concluderend wordt gesteld dat het werk van de architect veel verder gaat dan het gebouw, dat slechts een bijproduct is, een excuus om de auteur in staat te stellen meer inhoud te produceren, misschien in een kunstvorm. De auteur en zijn productie worden in het centrum van het proces geplaatst.

Jana Čulek

Dystopian Optimism

'The Planet as a Festival'

Setting his project 'Il pianeta come festival' (The Planet as a Festival) in a world even more dystopian than our own, where the built remnants of society have all but disappeared, Ettore Sottsass envisions a world that is anything but grim. Observing both the utopian and dystopian aspects of his work, and situating it within the larger context of the 1960s and 1970s, this paper explores how a seemingly ironic and pessimistic project can be read as one where architecture has become the means of our true collectivity: one where it becomes a scenography for serendipitous encounters — an optimistic framing of a world in ruins.

Dystopisch optimisme
'De planeet als festival'
Door zijn project 'Il pianeta come festival' (De planeet als festival) in een wereld te situeren die nog dystopischer is dan de onze, en waar de gebouwde overblijfselen van de samenleving zo goed als verdwenen zijn, presenteert Ettore Sottsass een allesbehalve grimmige wereld. Door zowel de utopische als de dystopische aspecten van zijn werk aan te halen en het binnen de bredere context van de jaren 1960 en 1970 te plaatsen, onderzoekt dit artikel hoe een schijnbaar ironisch en pessimistisch project kan worden gelezen als een onderneming waarbij architectuur het middel is geworden voor onze ware collectiviteit: een waar het een scenografie wordt voor toevallige ontmoetingen — een optimistische omkadering van een wereld die in puin ligt.

Yosuke Nakamoto
From Alpine Architecture to Katsura Imperial Villa
Traces of Refuge and Optimism in Bruno Taut's Work
Bruno Taut's life and career as an architect was largely determined by Germany's political and economic situation in the first half of the twentieth century. He had to seek refuge on multiple occasions due to his belief in communism and the idealistic thoughts that stemmed from this. His career portrays a rare case of an architect who has practiced in Germany, Russia, Japan and Turkey. The text explores the nature of his architectural and philosophical ideologies, which were always guided by a sense of optimism that accompanied him throughout these journeys.
Van alpine architectuur tot keizerlijk paleis Katsura
Sporen van toevluchtsoorden en optimisme in het werk van Bruno Taut
Bruno Taut's leven en carrière als architect werd grotendeels bepaald door Duitslands politieke en economische situatie in de eerste helft van de twintigste eeuw. Hij moest meerdere keren vluchten vanwege zijn geloof in het communisme en de idealistische gedachten die daaruit voortvloeiden. Zijn carrière portretteert een zeldzame casus van een architect die in Duitsland, Rusland, Japan en Turkije heeft gewerkt. De tekst onderzoekt de oorsprong van zijn architecturale en filosofische ideeën, die tijdens zijn reizen altijd werden begeleid door een gevoel van optimisme.

Sofia Singler
Melancholy Medicine
Remedying the Excess Optimism of Contemporary Renderings
Drawing from the reinvigorated discourse on melancholy in aesthetic theory and philosophy, this paper calls for a critical redefinition and reassessment of melancholy as a coalescence of traits that do not so much reprise visual qualities associated with sorrow as much as constitute indeterminate registers that provoke introspection, enquiry, criticality and heightened observation. These registers, in turn, carry the potential to stimulate rather than stifle debate concerning architectural and urban visions, and thereby cure the ills of excess optimism.
Melancholie als medicijn
Het verhelpen van overmatig optimisme in hedendaagse *renderings*
Op basis van het vernieuwde discours over melancholie in de esthetische theorie en filosofie, roept dit artikel op tot een kritische herdefiniëring en herwaardering van melancholie als een samenstel van eigenschappen die niet zozeer visuele kwaliteiten, geassocieerd met verdriet, oppakken, maar eerder onbepaalde registers openen die introspectie, onderzoek, kritisch denken en een verhoogde waarneming uitlokken. Deze registers dragen op hun beurt het potentieel in zich om het debat over architecturale en stedelijke visies te stimuleren in plaats van het te verstikken — en zodoende de kwaal van overmatig optimisme te genezen.

Giulia Conti
Inside Outside's Ode to Life for Genoa
A Colourful Weft for Rebirth
Optimism, as enthusiasm and hope in the minds of architects and users alike, fuels the constructive power of architectural or landscape design, which is often confronted with specific areas that have been struck by disasters or long plagued by unresolved problems. The Polcevera Park project for Genoa is one of the clearest and most recent examples of this. It was developed by Inside Outside | Petra Blaisse within a wider architectural team, following the collapse of the central span of the Morandi Bridge; through a specific vocabulary of architectural choices, the project promotes a new, colourful environment for the valley and the city.
Inside Outside's ode aan het leven voor Genua
Een kleurrijke 'inslag' voor herstel
Optimisme, als enthousiasme en hoop in de hoofden van zowel architecten als gebruikers, voedt de constructieve kracht van architectuur- of landschapsontwerp, dat vaak wordt geconfronteerd met specifieke gebieden die door rampen zijn getroffen of al lang worden geplaagd door onopgeloste problemen. Het Polcevera Park-project voor Genua is hiervan een van de meest duidelijke en recente voorbeelden. Het werd uitgetekend door Inside Outside | Petra Blaisse binnen een breder architectenteam, na de instorting van de centrale overspanning van de Morandi-brug; het project propageert via een specifiek vocabularium aan architecturale keuzes een nieuwe, kleurrijke omgeving voor de vallei en de stad.

Alessandro Canevari, Davide Servente
Optimistic Roof Gardens
Manhattanism's Prolegomena
At the dawn of the twentieth century, New York is the archetype of the optimistic metropolis, where everything appears irresistibly over the top. Competition for access is both an economic and urban planning problem. Importing European theatre gardens to Broadway would have under-exploited the developable land, while building them on the roof 'created' new land. Civic optimism fuels their appearance, transforming business into a cultural phenomenon. In the oppressive scenario of pre-zoning Manhattan, roof gardens represent a small gesture of trust bestowed by architecture, and they dig a furrow from which the seeds of Manhattanism will germinate.
Optimistische daktuinen
De prolegomena van het Manhattanisme
Aan het begin van de twintigste eeuw is New York het archetype van de optimistische metropool, waar alles onweerstaanbaar over de top lijkt. De concurrentie rondom toegankelijkheid is zowel een economisch als een stedenbouwkundig probleem. De import van Europese theatertuinen naar Broadway zou bouwgrond onderbenutten, terwijl

bouwen op het dak 'nieuw land' oplevert. Burgerlijk optimisme activeert hun verschijning, waarmee de zaken veranderen in een cultureel fenomeen. In het oppressieve scenario van Manhattan vóór de zonering, vormen daktuinen een klein gebaar van vertrouwen, geschonken door de architectuur. De daktuinen kerven een groef waaruit de zaden van het Manhattanisme zullen ontkiemen.

Robin Hueppe

Shimmers in the Cracks of Houston, Texas

Tracing stories of urban artifacts can unravel the ambiguities structural to optimistic design. While seeking sleeping visions in everyday encounters, a critical look at the twisting relationship between architecture and optimism helps uncover hidden potential. With the 'Space City' Houston as a setting, three artefacts illuminate the argument of this text: a tunnel way sign underground, a brick on a sidewalk and a historical planning document. They exemplify the ambiguous ways in which optimism integrates into the city's material structure and how it produces, ruins *and* saves our future.

Glinsteringen in de barsten van Houston, Texas

Het traceren van verhalen over stedelijke artefacten kan de ambiguïteiten ontrafelen die eigen zijn aan een optimistische ontwerphouding. Bij het zoeken naar sluimerende inzichten bij alledaagse confrontaties met de stad, helpt een kritische blik om het verborgen potentieel bloot te leggen van de kronkelende relatie tussen architectuur en optimisme. In de *setting* van 'Space City' Houston belichten drie artefacten het argument van deze tekst: een bord als richtingaanwijzer in een tunnel, een baksteen in een trottoir en een historisch plandocument. Zij illustreren de dubbelzinnige manieren waarop optimisme in de gebouwde structuur van de stad is geïntegreerd en hoe het onze toekomst produceert, ruïneert én redt.

Jeffrey Kruth

The Use of the Earth for the Good of Man

Optimism and Nostalgia in Roland Wank's Public Architecture

This article explores how architecture plays a role in the construction of narratives surrounding optimism and nostalgia in large-scale infrastructural and urban design agendas. By tracing the work of Roland Wank in his public works from the 1930s as part of US President Franklin Roosevelt's New Deal, this article discusses how optimism for architectural modernity and planning intersects with contemporary disrepair and nostalgia. Today, these once heroic projects face a myriad of social, technological, and political challenges resulting in a 'cruel optimism' for those who seek to revive their original scalar ambitions and sociopolitical frameworks.

Het gebruik van de aarde ten behoeve van de mens

Optimisme en nostalgie in de publieke architectuur van Roland Wank

Dit artikel onderzoekt hoe architectuur een rol speelt in de constructie van verhalen rond optimisme en nostalgie in het geval van grootschalige infrastructuur en stedenbouwkundige agenda's. Het essay volgt Roland Wank en zijn bijdrage aan publieke gebouwen in de jaren 1930 als onderdeel van president Franklin Roosevelt's New Deal; het bespreekt hoe het optimisme rond moderniteit en planning in de architectuur wordt doorkruist door hedendaags gebrek aan onderhoud en nostalgie. Vandaag worden deze eens heroïsche projecten geconfronteerd met sociale, technologische en politieke uitdagingen die in een 'wreed optimisme' resulteren voor degenen die hun oorspronkelijke ambities op het vlak van schaal en sociaal-politieke kaders opnieuw een kans gunnen.

John McMorrough

Successive Failures

Reframing Architecture's 'Hopes in Design'

A prevalent view in the contemporary imagination of architecture (as a subject, profession and discipline) is to understand it as a failure (of resource management, energy expenditure and social representation). From this perspective, to imagine otherwise is to engage in what Manfredo Tafuri refers to as architecture's futile 'hopes in design'. Opposing this view, a countermodel posits that amid the complexity of its formation, architecture is a Sisyphean labour (following existential philosopher Albert Camus). There *happiness* exists as the pragmatic (and paradigmatic) response of possibility in the face of the unattainable.

Opeenvolgende mislukkingen

Een nieuwe visie op 'hoopvol ontwerp' in de architectuur

Een overheersende opvatting in de hedendaagse verbeelding van architectuur (als onderwerp, beroep en discipline) is haar te begrijpen als een mislukking (van beheer van middelen, energieverbruik en sociale representatie). Vanuit dit oogpunt valt een andere voorstelling van de architectuur samen met wat Manfredo Tafuri omschrijft als de futiele 'hoop in ontwerp' van de architectuur. Tegenover deze opvatting staat een model dat stelt dat architectuur, te midden van de complexiteit van haar totstandkoming, een Sisyfusarbeid is (in navolging van de existentiële filosoof Albert Camus). Daar bestaat geluk als het pragmatische (en paradigmatische) antwoord van het mogelijke in het licht van het onbereikbare.

Andjelka Badnjar Gojnić

Andjelka Badnjar Gojnić is a doctoral candidate in the Department of Architectural Theory at RWTH Aachen. Her interest is based on the histories of construction sites as places that are capable of reflecting social and philosophical concerns. She graduated from the Faculty of Architecture in Belgrade and has worked as a practicing architect and as an assistant at various universities. She has published various articles and participated in international conferences and exhibitions.

Andjelka Badnjar Gojnić doet promotieonderzoek bij de afdeling architectuurtheorie van de RWTH Aken. Ze is geïnteresseerd in de geschiedenis van bouwplaatsen, als plekken waar zich sociale en filosofische gebeurtenissen kunnen afspelen. Ze is afgestudeerd aan de faculteit Architectuur te Belgrado, heeft als praktiserend architect en als assistent aan diverse universiteiten gewerkt. Ze heeft verschillende artikelen gepubliceerd en deelgenomen aan internationale conferenties en tentoonstellingen.

Romain Barth

Romain Barth is an architect who graduated from EPFL Lausanne under Prof. R. Gargiani and Prof. Chr. Van Gerrewey. His research focuses on socialist realism in architecture and its influences on contemporary modern architects. He recently wrote an article in *Matières* 17 (2022) that relates the notion of optimism to large-scale projects in Moscow.

Romain Barth studeerde af aan de EPFL Lausanne onder Prof. R. Gargiani en Prof. Chr. Van Gerrewey. Zijn onderzoek richt zich op het socialistisch realisme in de architectuur en de invloeden daarvan op hedendaagse moderne architecten. Hij heeft onlangs een artikel in *Matières* 17 (2022) gepubliceerd waarin hij de notie van optimisme linkt aan grootschalige projecten in Moskou.

Alessandro Canevari

Alessandro Canevari, PhD architect, lecturer and teaching assistant in the Department of Architecture and Design (dAD) at the University of Genoa. He is a member of the editorial board of the journal *GUD*. In 2020, he published an essay in *The Routledge Companion Guide to Fascist Italian Architecture*, and he is editing the forthcoming Italian edition of Hugh Ferriss's *Metropolis of Tomorrow* (Pendragon).

Alessandro Canevari, gepromoveerd architect, docent en onderwijsassistent aan de afdeling Architecture and Design (dAD) aan de Universiteit van Genua. Hij is redactielid van het tijdschrift GUD. In 2020 publiceerde hij een artikel in *The Routledge Companion Guide to Fascist Italian Architecture* en hij redigeert de binnenkort te verschijnen Italiaanse editie van Hugh Ferris's *Metropolis of Tomorrow* (Pendragon).

Giulia Conti

Giulia Conti is an architect. She graduated with honours in Architecture at IUAV Venice, where she is now a doctoral student in Architectural Composition and a teaching collaborator. In her research she investigates the role of textiles as a compositional tool of spatial definition. She is the author of various articles and essays as well as the curator of workshops and seminars, both nationally and internationally.

Giulia Conti is architect. Ze studeerde cum laude af in architectuur aan de IUAV van Venetië, waar ze nu een promotie voorbereidt aan de opleiding Architectural Composition en lesgeeft. Haar promotieonderzoek gaat over de rol van textiel als middel voor ruimtelijke composities. Ze schreef meerdere artikelen en essays, en cureerde (internationale) workshops en cursussen.

Jana Čulek

Jana Čulek is an architect, urbanist and researcher. She is the founder of Studio Fabula, a narrative-centred architecture and urban design practice. She is a member of the Methods of Analysis and Imagination Chair at Delft University of Technology, where she is finalizing her PhD on utopias as a critical method. Her interests revolve around architectural representation, narrative structures and utopia. Her projects and written work have been featured in various international publications and exhibitions.

Jana Čulek is architect, stedenbouwkundige en onderzoeker. Ze is oprichter van Studio Fabula, een architectuur- en stedenbouwbureau met een sterke focus op narratief. Ze is lid van de leerstoel Methods of Analysis and Imagination aan de TU Delft waar ze aan een proefschrift werkt over utopieën als kritische methode. Haar interesses gaan uit naar architecturale representatie, narratieve structuren en de utopie. Projecten en teksten van Čulek werden opgenomen in verschillende internationale publicaties en tentoonstellingen.

Andrea Alberto Dutto

Andrea Alberto Dutto, PhD, is a Research and Teaching Associate at the RWTH Aachen University, Chair of Architectural Theory. His research activity is partially funded by the DAAD (Deutscher Akademischer Austauschdienst, or German Academic Exchange Service). In 2017, he completed his PhD at the Politecnico di Torino in co-supervision with RWTH Aachen University. Between 2018 and 2020 he worked as postdoctoral researcher at the Politecnico di Torino, where he was also appointed as adjunct professor.

Andrea Alberto Dutto is als onderzoeks- en onderwijsassistent verbonden aan de leerstoel Architectuurtheorie aan de RWTH Aachen. Zijn onderzoek wordt gedeeltelijk gefinancierd door DAAD (Deutscher Akademischer Austauschdienst). In 2017 promoveerde hij aan de Politecnico di Torino, onder gedeelde supervisie met de RWTH Aachen. Tussen 2018 en 2020 werkte hij als postdoctoraal onderzoeker aan de Politecnico di Torino, waar hij mede werd aangesteld als adjunct-hoogleraar.

Robin Hueppe

A Berliner in Houston, Robin V. Hueppe depends on optimism for survival. He is an urban designer and researcher in post-professional education in architecture at Rice University while practicing at SWA Group. He holds degrees in Urban Design and City Planning, was a Fulbright fellow at UC Berkeley, and researched widely with institutional support in Portugal, Brazil, China, India and the US. His writings have been published in various journals, including the *City, Culture, and Society Journal* and in Yale's *Paprika!*

Als Berlijner in Houston is Robin V. Hueppe afhankelijk van optimisme om te overleven. Hij is stadsontwerper en onderzoeker in post-professioneel onderwijs in architectuur aan Rice University, terwijl hij als ontwerper werkzaam is bij SWA Group. Hij is afgestudeerd in stedelijk ontwerp en planning, was een Fulbright fellow aan UC Berkeley en heeft met verschillende beurzen onderzoek kunnen doen in

Portugal, Brazilië, China, India en de VS. Zijn teksten werden onder meer gepubliceerd in het *City, Culture and Society Journal* en in Yale's *Paprika!*

Jeffrey Kruth

Jeffrey Kruth is an assistant professor of Architecture at Miami University in Oxford, Ohio. His research interests include the history of the modern city and its relationship to contemporary culture. Together with Allison Schifani, he is a member of the research and design collaborative SPEC. Currently, he is co-editing a book titled *Urban Histories in Practice: Morphologies and Memory*.

Jeffrey Kruth is universitair docent architectuur aan de Miami University in Oxford, Ohio. Zijn onderzoeksinteresse omvat de geschiedenis van de moderne stad en haar relatie tot de hedendaagse cultuur. In samenwerking met Allison Schifani, is hij lid van het onderzoeks- en designcollaboratief SPEC. Momenteel is hij als co-redacteur betrokken bij het boek *Urban Histories in Practice: Morphologies and Memory*.

Filipe Magalhães

Filipe Magalhães studied architecture at FAUP, in Porto, and collaborated professionally with Harry Gugger in Basel and SANAA in Tokyo. In 2013, he established fala in Porto with Ana Luisa Soares and Ahmed Belkhodja. He is currently a PhD candidate at FAUP, researching the relation between the author, the work of architecture and its representation. Besides his current teaching positions in Lisbon and Milan, Filipe is regularly invited as a teacher, guest critic or lecturer in various institutions. Fala's work has been exhibited widely at biennials, single and collective exhibitions and published in diverse printed media.

Filipe Magalhães studeerde architectuur aan de FAUP (Faculteit Architectuur van de Universiteit van Porto) en werkte professioneel samen met Harry Gugger in Bazel en SANAA in Tokio. In 2013 richtte hij in Porto fala atelier op met Ana Luisa Soares en Ahmed Belkhodja. Momenteel is hij promovendus aan de FAUP, waar hij onderzoek doet naar de relatie tussen de auteur, het architectuurproject en de representatie ervan. Naast zijn huidige onderwijsfuncties in Lissabon en Milaan wordt Magalhães regelmatig uitgenodigd als docent of gastcriticus in verschillende instellingen. Fala's werk is op grote schaal tentoongesteld op biënnales, individuele en collectieve tentoonstellingen, en werd gepubliceerd in diverse media.

John McMorrough

John McMorrough is an associate professor at the Taubman College of Architecture and Urban Planning at the University of Michigan. A researcher of contemporary architectural practice, he writes about the relationship between design methods and culture, focusing on architecture's extended field (buildings, but also complementary media such as images, installations and other structured narratives). His writing and design work has appeared in publications such as *Perspecta*, *Log*, *Threshold*, *Volume*, *Praxis*, *MAS Context* and *Flat Out*.

John McMorrough is universitair hoofddocent aan het Taubman College of Architecture and Urban Planning van de Universiteit van Michigan. Als onderzoeker van de hedendaagse architectuurpraktijk schrijft hij over de relatie tussen ontwerpmethoden en cultuur, waarbij hij zich richt op het ruimere veld van de architectuur (niet alleen gebouwen, maar ook media zoals beelden, installaties en andere gestructureerde narratieven). Zijn werk als schrijver en ontwerper is verschenen in publicaties als *Perspecta, Log, Threshold, Volume, Praxis, MAS Context* en *Flat Out.*

Yosuke Nakamoto

Yosuke Nakamoto is an architect and researcher based in Zurich. Originally from Tokyo, he studied architecture at TU Wien and at the Accademia di architettura di Mendrisio, where he received his diploma in 2020 under professors Yvonne Farrell and Shelley McNamara. He has worked with Adolf Krischanitz in Vienna, EMI Architekten in Zurich and Staufer & Hasler Architekten in Frauenfeld. His research emphasis lies in the cross-cultural exchange of ideas and the manifestation of ideas in tangible instances.

Yosuke Nakamoto is architect en onderzoeker, gevestigd in Zürich. Van oorsprong uit Tokio, heeft hij architectuur aan de TU Wenen en de Accademia di architettura di Mendrisio gestudeerd, waar hij in 2020 zijn diploma onder professoren Yvonne Farrell en Shelley McNamara behaalde. Hij werkte voor Adolf Krischanitz in Wenen, EMI Architekten in Zürich en Staufer & Hasler Architekten in Frauenfeld. Zijn onderzoeksfocus ligt op de interculturele uitwisseling van ideeën en hun manifestatie in concreto.

Davide Servente

Davide Servente, PhD, architect, is an assistant professor at the Department of Architecture and Design (dAD) at the University of Genova. He is founder of the research collective ICAR65, member of the editorial board of the journal *GUD*, member of the scientific committee of the international journal *Seascape* and guest editor (with V. Pizzigoni) of the magazine *Area* 168 (2020). In 2020 he was the author of the books *Il Museo PopUp* and (with A. Canevari) *Abitare nel Tempo* (both for Sagep).

David Servente, gepromoveerd architect, universitair docent aan de afdeling Architecture and Design (dAD) aan de Universiteit van Genua. Hij is oprichter van het onderzoekscollectief ICAR65, lid van de redactie van het tijdschrift *GUS*, lid van de wetenschappelijke raad van het internationale tijdschrift *Seascape* en gastredacteur van *Area* 168 (2020). In 2020 was hij de auteur van de boeken *Il Museo PopUp* (in samenwerking met A. Canevari) en *Abitare nel Tempo* (beide Sagep).

Sofia Singler

Sofia Singler is an architect and architecture historian based at the University of Cambridge, where she teaches design studio and lecture courses on modernism. A native of Jyväskylä, Finland, she trained as an architect at the University of Cambridge and the Yale School of Architecture, before completing a PhD in the History of Architecture, also at Cambridge. Her research interests lie in the history and theory of modern and contemporary architecture, with particular focus on Nordic modernism, the Aaltos and Sámi architecture.

Sofia Singler is architect en architectuurhistoricus aan de Universiteit van Cambridge, waar ze een ontwerpstudio begeleidt en colleges geeft over het modernisme. Ze is geboren in Jyväskylä, Finland, en volgde een architectuuropleiding aan de Universiteit van Cambridge en de Yale School of Architecture, waarna ze een doctoraat voltooide in architectuurgeschiedenis, eveneens in Cambridge. Haar onderzoek richt zich op de geschiedenis en theorie van de moderne en hedendaagse architectuur, met bijzondere aandacht voor het Scandinavisch modernisme, de Aalto's en de architectuur van de Sámi.

To order back issues of OASE, please visit our website: www.oasejournal.nl, or that of our distrubutor: www.nai010.com/
U kunt eerder verschenen nummers van OASE bestellen via onze website: www.oasejournal.nl, of die van onze distributeur: www.nai010.com

- **OASE 113** **Authorship**/ Auteurschap
- **OASE 112** **Ecology & Aesthetics**/ Ecologie & Esthetiek
- **OASE 111** **Staging the Museum**/ Musea in scene gezet
- **OASE 110** **The Project of the Soil**/ De grond van de kwestie
- **OASE 109** **Modernities**/ Moderniteiten
- **OASE 108** **Ups & Downs: Reception Histories in Architecture**/ Receptiegeschiedenissen in de architectuur
- **OASE 107** **The Drawing in Landscape Design and Urbanism**/ De tekening in landschapsontwerp en stedenbouw
- **OASE 106** **Table Settings: Reflecties op architectuur met Hannah Arendt**/ Tafelschikkingen: Reflections on Architecture with Hannah Arendt
- **OASE 105** **Practices of Drawing**/ Tekenpraktijken
- **OASE 104** **The Urban Household of Metabolism**/ Het stedelijke huishouden van het metabolisme
- **OASE 103** **Critical Regionalism Revisited**
- **OASE 102** **Schools & Teachers: The Education of an Architect in Europe**/ Scholen & docenten: De opleiding tot architect in Europa
- **OASE 101** **Microcosm: Searching for the City in Its Interiors**/ Microkosmos: Een zoektocht naar de stad in haar interieurs
- **OASE 100** **Karel Martens and the Architecture of the Journal**/ Karel Martens en de architectuur van het tijdschrift
- **OASE 99** **The Architecture Museum Effect**/ De effecten van architectuurmusea
- **OASE 98** **Narrating Urban Landscapes**/ Verhalend stedelijk landschap
- **OASE 97** **Action and Reaction in Architecture**/ Actie en reactie in architectuur
- ~~**OASE 96** **Social Poetics: The Architecture of Use and Appropriation**/ Sociale Poëtica: De architectuur van gebruik en toe-eigening~~
- **OASE 95** **Crossing Boundaries: Transcultural Practices in Architecture and Urbanism**/ Grenzenloos: Transculturele praktijken in architectuur en stedenbouw
- **OASE 94** **OMA: The First Decade**/ OMA: De eerste tien jaar
- ~~**OASE 93** **Making Landscape Public: Making Public Landscape**/ Landschap publiek maken: Publiek landschap maken~~
- ~~**OASE 92** **Codes and Continuities**/ Codes en continuïteiten~~
- ~~**OASE 91** **Building Atmosphere**/ Sfeer bouwen, met/ with Juhani Pallasmaa & Peter Zumthor~~
- ~~**OASE 90** **What is Good Architecture**/ Wat is goede architectuur?~~
- ~~**OASE 89** **Medium: The Mid-Size City as a European Urban Condition and Strategy**/ De middelgrote stad als Europese stedelijke conditie en strategie~~
- ~~**OASE 88** **Exhibitions: Showing and Producing Architecture**/ Tentoonstellingen: Architectuur tonen en produceren~~
- **OASE 87** **Alan Colquhoun: Architect, Historian, Critic**/ Architect, Historicus, Criticus
- **OASE 86** **Baroque**/ **Barok**
- **OASE 85** **Productive Uncertainty**/ Productieve onzekerheid
- **OASE 84** **Models**/ Maquettes
- **OASE 83** **Commissioning Architecture**/ Opdrachtgevers in de architectuur
- **OASE 82** **L'Afrique, c'est chic: Architecture and planning in Africa 1950-1970**/ Architectuur en planning in Afrika 1950-1970
- ~~**OASE 81** **Constructing Criticism**/ Kritiek in opbouw~~
- **OASE 80** **On Territories**/ Over territoria
- **OASE 79** **The Architecture of James Stirling, 1964-1992**/ De architectuur van James Sterling, 1964-1992
- ~~**OASE 78** **Immersed: Sound and Architecture**/ Architectuur en geluid~~
- **OASE 77** **Into the Open: Accommodating the Public**/ Publieke plaatsen
- ~~**OASE 76** **Context**/ Specificity~~
- ~~**OASE 75** **25 Years of Critical Reflection on Architecture**~~
- ~~**OASE 74** **Invention**/ Inventie~~
- **OASE 73** **Gentrification: Flows and Counter-Flows**/ Stromen en tegenstromen
- ~~**OASE 72** **Back to School**/ Terug naar school~~
- ~~**OASE 71** **Urban Formation & Collective Spaces**/ Stedelijke formatie & collectieve ruimten~~
- ~~**OASE 70** **Architecture & Literature**/ Architectuur & Literatuur~~
- **OASE 69** **Positions**/ Posities
- **OASE 68** **Home-Land**/ Thuis-Land
- ~~**OASE 67** **After the Party: Nederlandse architectuur 2005**/ Dutch Architecture 2005~~
- **OASE 66** **Virtually Here: Ruimte in cyberfictie**/ Space in Cyberfiction
- ~~**OASE 65** **Ornament**~~
- ~~**OASE 64** **Landscape and Mass Tourism**/ Landschap en massatoerisme~~
- ~~**OASE 63** **Countryside**/ Platteland~~
- **OASE 62** **Autonomous Architecture and the Project of the City**/ Autonome architectuur en het stedelijk project
- **OASE 61** **Suburbia and Social Democracy**/ Neoliberalisme in de buitenwijk
- **OASE 60** **Urbanism Out-of-Town**/ Het land in de stad
- **OASE 59** **Scratching the Surface**/ Nagel op de huid
- ~~**OASE 58** **The Visible and the Invisible**/ Het Zichtbare en het onzichtbare~~
- **OASE 57** **1970s Revisited**/ 1970s Revisited
- **OASE 56** **Domestic Nature**/ Huiselijke natuur
- ~~**OASE 55** **Home and Garden**/ Huis en tuin~~
- ~~**OASE 54** **Re: Generic City**/ Re: Generieke stad~~
- **OASE 53** **Network Urbanism**/ Netwerk stedebouw
- **OASE 52** **Consumption and Territory**/ Consumptie en territorium
- **OASE 51** **Rearrangements, A Smithsons Celebration**
- **OASE 49/50** **Convention**/ Conventie
- ~~**OASE 48** **Diagrams**/ Diagrammen~~
- ~~**OASE 47** **Dressing**/ Bekleding~~
- ~~**OASE 45/46** **Essential Architecture**/ Essentiële architectuur~~

Credits/ Colofon

Independent Peer-Reviewed Journal for Architecture, published by the OASE Foundation/ Onafhankelijk Peer-Reviewed architectuurtijdschrift, uitgegeven door de stichting OASE

OASE is made possible with the support of the Creative Industries Fund NL, the Van Eesteren, Fluck & Van Lohuizen Foundation and the associated universities and institutions.

OASE wordt mede mogelijk gemaakt met de steun van het Stimuleringsfonds Creatieve Industrie, de Van Eesteren, Fluck & Van Lohuizen Stichting en de geassocieerde universiteiten en instellingen.

creative industries fund NL

stimuleringsfonds creatieve industrie

EFL STICHTING

OASE foundation/ stichting
p/a Sandra Mellaart
Baljuwplein 70
3033 XD Rotterdam
the Netherlands
info@oasejournal.nl
www.oasejournal.nl

ISSN 01696238
ISBN 9789462087804

OASE 114 is also available as/ is ook verkrijgbaar als e-book (pdf)
ISSN 01696238
ISBN 9879462087873

OASE editorial board/ redactie
p/a D'Laine Camp
Prins Frederik Hendrikstraat 107
3051 ER Rotterdam
the Netherlands

Photo credits/ Fotografie

cover/ omslag: Pieter Bruegel I, The Tower of Babel/ De toren van Babel, c. 1565, Wikimedia Commons

p. 9 (top/ boven, bottom/ beneden), p 12: Historical Archives of Belgrade, Nemanja Budisavljević personal fonds

p. 15: Novi Beograd 1961 (Belgrado: Direkcija za izgradnju Novog Beograda, 1961), 95

p. 19: Interior page of booklet about Greenbelt Towns produced by the Resettlement Administration/ Binnenkant van het boekje over Greenbelt Towns, uitgegeven door de Resettlement Administration

p. 20: R. Borsodi, *Flight from the city,* 1933

p. 24, 25: Ken Kern, *The Owner-Built Home,* 1961

p. 26, 27: *The Last Whole Earth Catalog,* 1972

p. 31: Lloyd Kahn, *Shelter,* 1973

p. 33, 36: Distribution company Le Pacte. Ken Loach, Jimmy's Hall, 2014

p. 35, 39: Romain Barth

p. 38: Éric Tabuchi, Nelly Monnier

p. 41, 42, 46–55: Francisco Ascensão

p. 57, 60, 61, 65, 66: *Casabella* 365 (1972)

p. 69: Bruno Taut, *Die Auflösung der Städte* (Berlijn: Gebr. Mann Verlag, 2020, overdruk), 6

p. 70: Manfred Speidel, *Bruno Taut: Das japanische Haus und sein Leben* (Berlijn: Gebr. Mann Verlag, 1997), inside front cover/ binnenzijde omslag

p. 73: Manfred Speidel, *Bruno Taut: Natur und Fantasie 1880–1938* (Berlijn: Ernst & Sohn, 1995), 203

p. 74 (top/ boven): Matthias Schirren, *Bruno Taut, Alpine Architektur: Eine Utopie* (München: Prestel, 2004), 37

Credits/ Colofon

p. 74 (bottom/ beneden): Winfried Nerdinger, Kristiana Hartmann, Matthias Schirren and/ en Manfred Speidel, *Bruno Taut 1880–1938: Architekt zwischen Tradition und Avantgarde* (Stuttgart/München: Deutsche Verlags-Anstalt, 2001), 227
p. 79: National Gallery of Denmark, Public Domain
p. 80: Helsinki City Museum
p. 83, 87: Lynch Architects
p. 84: Sofia Singler
p. 90, 93, 94: Inside Outside | Petra Blaisse
p. 97: Library of Congress Prints and Photographs Division Washington, D.C. 20540 (LC-D4-13094 [P&P]). Photography/ foto's: Detroit Publishing Company
p. 98: Library of Congress Prints and Photographs Division Washington, D.C. 20540 (LC-D4-14749 [P&P]). Photography/ foto's: Detroit Publishing Company
p. 101: Library of Congress Prints and Photographs Division Washington, D.C. 20540 (LC-D4-14750 [P&P]). Photography/ foto's: Detroit Publishing Company
p. 102: George Grantham Bain Collection/Library of Congress (LC-B2- 3898-6 [P&P]). Photography/ foto's: Bain News Service
p. 103: The Illustrated American, XX (337), July 25, 1896, New York-Chicago, 144-145/ The Miriam and Ira D. Wallach Division of Art, Prints and Photographs: Picture Collection/ The Miriam and Ira D. Wallach Division of Art, Prints and Photographs: Picture Collection, The New York Public Library (806035). Name of artist/ naam kunstenaar: Walter Russell
p. 106, 107, 108, 111, 112 (bottom/ beneden): Robin Hueppe
p. 112 (top/ boven): Arthur C. Comey, *Houston: Tentative Plans for its Development, Report to the Houston Park Commission* (Boston: Press of Geo. H. Ellis Co., 1913), 29
p. 117, 121: Library of Congress, Prints & Photographs Division, Farm Security Administration/Office of War Information Black-and-White Negatives. Photographer/ fotograaf: Unknown/ onbekend
p. 122: Library of Congress, Prints & Photographs Division, Farm Security Administration/Office of War Information Black-and-White Negatives. Photographer/ fotograaf: John Vachon
p. 125: Library of Congress, Prints & Photographs Division, Farm Security Administration/Office of War Information Black-and-White Negatives. Photographer/ fotograaf: Theodor Young & Martin Brice
p. 133: Wikimedia Commons

Design/ Vormgeving
Karel Martens & Aagje Martens

Copy editing/ Tekstredactie
D'Laine Camp, Gerda ten Cate

Printing/ Druk
Wilco Art Books

Paper/ Papier
70 grs holmentrnd 2.0
300 grs muncken lynx

Font/ Lettertype
Pirelli

Publisher/ Uitgever
OASE foundation/ stichting

Distribution
nai010 publishers/ uitgevers
sales@nai010.com
www.nai010.com

Subscriptions and administration/
Abonnementenadministratie
Abonnementenland
De Trompet 1739
1967 DB Heemskerk
the Netherlands
Tel +31 (0)251 - 257924
www.aboland.nl

Subscriptions/ Abonnementen
OASE is published three times a year. Subscriptions can be taken out via the website of Abonnementenland, see www.aboland.nl. OASE can be found under the 'Art & Culture' category. Students at universities and academies of architecture as well as holders of a *CJP* are entitled to a reduction in the costs of the subscription. For the terms and conditions of the OASE subscription, please consult the website of Abonnementenland.

OASE verschijnt drie keer per jaar. Abonnementen kunnen afgesloten worden via de website van Abonnementenland, zie www.aboland.nl. OASE is te vinden onder de categorie 'Kunst & Cultuur'. Recht op reductie op de abonnementskosten hebben studenten aan universiteiten en academies van bouwkunst, alsmede houders van CJP. Voor de voorwaarden van het OASE-abonnement verwijzen wij u naar de website van Abonnementenland.

Subscriptions for three issues in Europe/
Abonnementsprijs voor drie nummers in Europa

individuals/ particulieren	€ 70
organisations/ instellingen	€ 100
students/studenten	€ 50

Abonnementsprijs voor drie nummers in Nederland en België

particulieren	€ 60
instellingen	€ 100
studenten	€ 40

Subscriptions for three issues outside Europe/
Abonnementsprijs voor drie nummers buiten Europa

Individuals/ particulieren, students/ studenten	€ 100
organisations/ instellingen	€ 120

Subscriptions for three digital issues/
Abonnementsprijs voor drie digitale nummers

individuals/ particulieren	€ 40
students/studenten	€ 25

For professional and international (business) subscriptions, please send an email to/ Stuur voor professionele en internationale (zakelijke) abonnementen een e-mail naar oase@nai010.com.